사주명리학 오행
해설집

사주명리학 오행 해설집

발행일	2019년 1월 11일

지은이	양필선		
펴낸이	손형국		
펴낸곳	(주)북랩		
편집인	선일영	편집	오경진, 권혁신, 최예은, 최승헌, 김경무
디자인	이현수, 김민하, 한수희, 김윤주, 허지혜	제작	박기성, 황동현, 구성우, 정성배
마케팅	김회란, 박진관, 조하라		
출판등록	2004. 12. 1(제2012-000051호)		
주소	서울시 금천구 가산디지털 1로 168, 우림라이온스밸리 B동 B113, 114호		
홈페이지	www.book.co.kr		
전화번호	(02)2026-5777	팩스	(02)2026-5747

ISBN	979-11-6299-498-6 03180 (종이책)		979-11-6299-499-3 05180 (전자책)

이 도서의 국립중앙도서관 출판예정도서목록(CIP)은 서지정보유통지원시스템 홈페이지(http://seoji.nl.go.kr)와 국가자료공동목록시스템(http://www.nl.go.kr/kolisnet)에서 이용하실 수 있습니다. (CIP제어번호: CIP2019000227)

(주)북랩 성공출판의 파트너

북랩 홈페이지와 패밀리 사이트에서 다양한 출판 솔루션을 만나 보세요!

홈페이지 book.co.kr • **블로그** blog.naver.com/essaybook • **원고모집** book@book.co.kr

타고난 성품을 좋은 운명으로 바꿔주는 인생 나침반

사주명리학 오행 해설집

양필선 지음

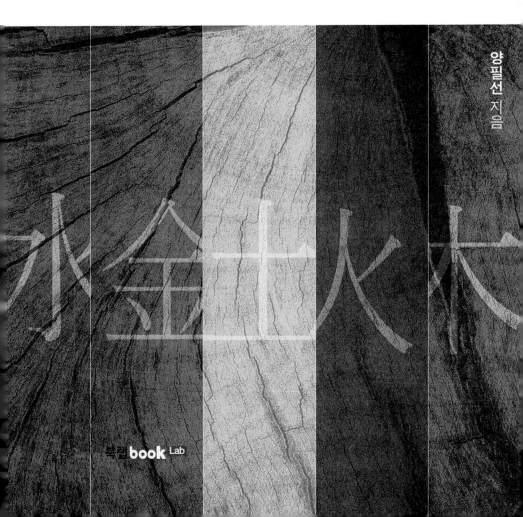

북랩 book Lab

　오행이란 하늘 아래 땅에서 생장하는 동식물을 비롯하여 삼라만상에 다 작용하는 용어이며 실제 생활에 있어 한의학이나 병의원에서도 사용하는 것이니 없을 수 없는 것이며 특히 사주에서 작용하는 것은 사람이 살아나가는 운명에 필수이니 깊이 있게 풀어보기 바란다.

　특히나 명리학에서 오행은 사람의 성격과 관련되고, 나아가 타고난 속성, 신체 각 부위마다 오행에 의해서 이루어진다면 심도 있게 생각해 볼 문제가 아니겠는가. 그러나 여기서 집중해서 다루는 것은 사람마다의 개성, 즉 성품을 견주어 풀어 보고자 한다.

2019년 1월

양필선

목차

2장 오행 해설

1장

오행의 기초

1. 목화토금수(木火土金水)

목화토금수(木火土金水)란 십간과 십이지 글자에 작용하는 것이다.

1) 십간(十干)

甲(갑), 乙(을), 丙(병), 丁(정), 戊(무), 己(기), 庚(경), 辛(신), 壬(임), 癸(계)

갑을=木(목)

병정=火(화)

무기=土(토)

경신=金(금)

임계=水(수)

2) 십이지(十二支)

子(자), 丑(축), 寅(인), 卯(묘), 辰(진), 巳(사), 午(오), 未(미), 申(신), 酉(유), 戌(술), 亥(해)

인묘=木(목)

사오=火(화)

진술축미=土(토)

신유=金(금)

해자=水(수)

지지의 뜻은 십이지신이 가진 뜻과 오행이 일간 생일날 위의 글자 천간, 즉 나를 어떻게 받쳐주는가를 보면 된다.

2. 천간 오행을 기준으로 하는 이유

천간[甲(갑), 乙(을), 丙(병), 丁(정), 戊(무), 己(기), 庚(경), 辛(신), 壬(임), 癸(계)]이란 하늘의 글자라고 하겠다.

왜 그런가?

위에 있으며 언감생심 상상도 하지 못할 만큼의 큰 뜻을 담고 있는 글자이며 사람의 출생과 더불어 운명이라고 하는 사주를 통하여 사람의 일생과 성격과 흐름을 모두 내포하고 있는 글자이기에 감히 논하기도 어려운 천기를 담고 있는 글자이기 때문이다.

여기서 말하고자 하는 오행은 일간, 즉 생일날의 일간을 중점으로 보는 것이다.

갑(甲)목과 을(乙)목은 목이지만 음양(陰陽)이 다르고 크기가 다르고 성질이 다르므로 사람의 운명을 논(論)하는 데 있어서 무한한 뜻을 담고 있다.

모든 오행이 음양에 따라 같은 듯하지만 다른 성격을 띠고 있으며 하나하나 열거하기가 매우 복잡하다.

3. 오행의 특성

1) 목(木)

목은 성질이 인자하여 측은지심이 있다. 태과하면 마음이 어질지 못하고 질투심이 있으며 변덕스럽고 마음이 잘다. 불급하면 심화가 부정하고 하는 일에 절도가 없으며 인색하다.

※ 목이 3개 이상이면 여자는 '성장의욕'이 강하며 하고자 하는 일은 많으나 현실에 맞지 않으므로 정신질환이 따른다. 발전적인 의욕과 용감성이 있어 리더십이 강하며 쉴 그늘이 있다.

※ 목이 없으면 의식주에 어려움이 많고 발전적 의욕이 미약하며 타인의 지배에서 헤어나지 못하고 뚜렷한 목적이 없으며 매사에 빈곤하기 쉽다.

2) 화(火)

　화는 예의 바르고 성격이 민속하고 언변도 빠르고 명랑하고 화려한 것을 좋아한다.

　태과하면 성격이 조급하고 불급하면 잔재주가 능하고 예의바르고 언변이 좋으나 결단심이 부족하다.

※ 화가 3개 이상 있으면 종신병유, 애정, 온도, 계절, 폐허, 생성이며 열기를 열로써 정열을 태우니 과열이 우환이며 화근이 병을 유발시킨다.

※ 반대로 화가 없으면 남녀 결합이 애정 결함으로 부부 사이가 길게 연속되지 못하고 자식에게도 냉정하다. 대인관계가 길게 가지 못하여 이혼율이 높고 화목하지 못하다.

3) 토(土)

토는 신의와 충성심, 효심이 있고 중후하여 정장을 좋아한다.

태과하면 고집불통에 사리판단이 현명하지 못하고 박하다. 불급하면 매사 온당치 못하고 타인과 싸우기도 잘하고 인색하고 괴팍스럽다.

※ 토가 3개 이상이면 미련하고 우직스러우며 토는 재력으로 논하니 재물과 땅으로 본다.

※ 토가 없으면 주택으로 인한 어려움이 있고 자신의 토대가 되어 있지 않아 더부살이할 수 있는 팔자이며 돈을 모아도 자신의 것이 되지 못한다.

4) 금(金)

명예와 의리에 용감하고 위엄이 있으며 결단심이 있다.

태과하면 욕심이 많고 잔인하며 용강하나 무모하다. 불급하면 생각은 많으나 결단심이 없으며 시비를 좋아한다.

※ 금이 3개 이상이면 인물이 특수하고 반석, 즉 기초가 단단하다. 인물이 강직하며 유대관계가 원만하다. 과하면 까다롭고 권모술수에 능하다.

※ 금이 없으면 유대관계도 어렵고 인덕이 없다. 기초가 빈곤하여 매사 완성하지 못하고 사기를 잘 당한다. 방어 능력이 부족하다.

5) 수(水)

총명하고 계교가 깊다.

태과하면 의지가 약하고 움직임을 좋아하고 다능하지만 호색가이며, 불급하면 용기가 없으며 총명하지 못하여 인덕이 없다.

※ 수가 3개 이상이면 음란하고 수다스러우며 혁명적 변혁을 잘 한다. 변동을 잘 한다. 섹스와 연관된 문단형이다.

※ 수가 없으면 고향과 부부 이별, 정서 부족, 갈등, 번민 속에 있게 된다. 고지식하고 융통성도 없으며 변동 운이 미약하여 원 고향에 오래 머물지 못하고 물을 찾아 헤매게 된다. 피부가 거친 것이 특성이다.

1. 갑목론(甲木論)

갑목(甲木)은 양목으로 다 자란 나무이며 큰 나무이기에 쓰임새가 다르고 내포하고 있는 성질 또한 다르지만 사주 구성에 따라 용두사미 격이 될 수도 있으며 갑목의 본질을 십분 활용할 수도 있다.

반대로 완성된 자신을 믿고 자만할 수도 있고 머리만 굴리다가 끝날 수도 있다. 또한 갑일이라도 일지에 따라 내포하고 있는 성질이 굉장히 차이가 난다는 것을 기억해야 한다.

남자는 여자에게 다정다감하고 재물에 욕심이 많다. 여자는 자기 고집이 세고 재물에 욕심이 많다.

※ 연간 갑목은 자연, 씨앗, 신, 초극, 으뜸이다.

※ 일간 갑목은 성질이 강직하고 다하면 여자 같고 목이 없으면 가옥 갖기가 힘들다. 직업은 예술인, 연예인이 맞다.

갑목(甲木)의 일주(日柱)로는 아래의 것들이 있다.

甲	甲	甲	甲	甲	甲
寅	辰	午	申	戌	子
日	日	日	日	日	日

1) 갑목 일주별 해설(甲木 日柱別 解說)

갑인일생(甲寅日生)이라면 갑인(甲寅) 위아래가 목이지만 납음오행
(納音五行)에서 보면 갑인을묘(甲寅乙卯) 대계수(大溪水)라고 되어 있다.
그래서 갑인일(甲寅日)에는 수의 기운이 강하므로 나무가 물을 잔뜩
머금고 있어 무겁듯이 성품이 가볍지 않고 진중하며 속을 다 알 수
없고 인자한 듯하지만 욕심 많고 융통성이 없다. 나쁘게 말하면 융
통성 없고 미련하다. 자신밖에 모르고 배려심도 없다. 대인관계도
원만하지 못하다.

신강자는 길하지만 신약자는 시작은 있고 끝이 없으며 여기저기
분주하게 뛰어다니지만 되는 일은 저조하다.

친구 같은 배우자를 만나면 길하고 여자는 이성 운이 잘 안 풀린다.

갑진일생(甲辰日生)은 갑목(甲木)이 진토(辰土)에 뿌리를 내리고 있어
강하고 튼튼하며 갑진을사(甲辰乙巳) 복등화(覆燈火)에 화기를 담고 있
어 내심 사교성과 화기애한 분위기를 잘 조성하지만 자신의 소신을
절대 굽히지 않는 강인함이 있고 머리가 비상하고 예의 또한 갖추었
으나 지속성이 없고 꾀에 능하고 재물에 대한 욕심이 많아 자기 꾀

에 자신이 빠지는 수가 있다.

허영심이 많고 쉽게 벌고 쉽게 쓰기도 잘한다(甲辰 白虎殺). 갑진 진토가 재성이니 재물을 깔고 앉아 있어 재물은 마르지 않으나 욕심을 부리면 오히려 화근이 된다. 허세와 과욕은 금물이다.

갑진(甲辰) 백호는 좋은 일에 마가 많이 끼므로 고집을 버려야 된다. 무조건 지지 않으려는 마음을 버리고 배려심을 가져야 한다. 남자는 배우자 덕이 있고 여자는 가장 노릇을 하게 된다.

갑오일생(甲午日生)은 갑목(甲木)이 오화(午火)에 있으니 불안한 것이 사실이나 갑오을미(甲午乙未) 사중금(砂中金)이라는 금 오행을 품고 있어 내심 냉정하기도 하고 금은 官(관)이므로 나름 머리 쓰는 일은 좋아하지 않고 순간순간 임기응변을 잘 해 나가기는 하지만 불 위에 나무가 더욱 불안하며 속이 다 타 버린 허함이 있어 겉으로 보기와 다르게 속이 불안전하며 욕심 많고 허세가 강하다. 남의 입안의 것도 빼앗아 먹을 수 있는 재주가 있으나 욕심이 앞서고 인내심과 끈기가 없어 힘든 일은 하지 않으려 하고 쉽게 생각하는 경향이 있어 사람들에게 신뢰를 얻지 못하며 그때그때 임기응변식으로 순간을 넘어가는, 앞과 뒤가 다른 이중인격자가 될 수 있다.

사치스럽고 남녀 다 부부 궁은 불길하다.

갑신일생(甲申日生)은 갑목(甲木)이 신금(申金)에 위에 있으니 자세가 불안하다. 갑신을유(甲申乙酉) 천중수(泉中水)의 수운을 내포하고 있어 욕심도 많지만 실천력이 부족하고 위축되기 쉽고 안일하다. 남에게 의존하려는 나약함이 있으며 인자한 듯하고 잔꾀에 능하고 머리는 있고 꼬리는 없는 용두사미(龍頭蛇尾) 격이라 생각은 있으나 안일한 생각에 빠지기 쉽고 수완은 있으나 추진력이 부족하다. 인물값도 못 한다는 소리를 들을 정도로 마음이 강하지 못하고 줏대도 없다. 남자는 여자에게 끌려가는 형이다. 여자는 남자에게 종속되어 '나 죽었소' 하는 식으로 할 말도 못 하고 산다.

갑술일생(甲戌日生)은 갑목(甲木)이 술토(戌土) 위에 있어 뿌리가 튼튼하고 갑술을해(甲戌乙亥) 산두화(山頭火)에 화의 기운이 들어 있어 큰 나무에 화기애애한 분위기이다. 화술도 있고 사업성 기질도 있고 재물복도 있고 욕심 많고 예의도 바르고 지지 않으려는 면과 충성심 또한 강하고 대인의 성격이다. 인물도 좋다. 타고난 재복도 있으며 인자하고 화술도 좋고 사교적이며 대인관계도 잘하고 사업가로 적합하며 가정운도 원만하다. 남자는 여자에게 자상하며 현처를 얻고, 여자는 재물에 구애받지 않으며 사교계에 진출하여 봄이 있다. 남녀 다 가정운은 원만하다.

갑자일생(甲子日生)은 갑목(甲木)이 자수(子水) 위에 있으며 갑자을 축(甲子乙丑) 해중금(海中金)에 금의 성품이 내포되어 내심 욕심도 많고 냉정하며 강하다. 바다 속에 금이라 빛을 발휘하기 어려우며 머리는 좋으나 인색하고 냉정하며 욕심과 책임감이 있다. 신강자는 책임감이 강하지만 신약자는 무책임하고 주체성이 없다. 남자는 여자를 좋아하고 여자는 재물의 노예가 되기 쉽다. 남녀 다 부부 궁은 불길하며 국록을 먹는 남자는 재물비리에 말리기 쉽고 지신이 좋을 때는 친구도 있으나 진정한 친구는 없다. 자만에 빠지기 쉽다.

특히 갑일간(甲日干)의 사람들은 재(財), 즉 돈에 대한 애착심이 강하다. 남자는 여자에, 여자는 돈에 애착을 더 갖는다.

갑년(甲年)의 월주(月柱)는 합토(合土)이다.

丙	丁	戊	己	庚	辛	壬	癸	甲	乙	丙	丁
寅	卯	辰	巳	午	未	申	酉	戌	亥	子	丑
月	月	月	月	月	月	月	月	月	月	月	月
1月	2月	3月	4月	5月	6月	7月	8月	9月	10月	11月	12月

2) 갑목 월별 해설(甲木 月別 解說)

정월생(正月生) 갑목(甲木)은 병화(丙火)가 있어야 온난(溫暖)하게 하고 기후(氣候)를 고르게 한다. 그러면 양기(陽氣)가 번조(煩燥)하니 우로 수(水)인 계수(癸水)를 사용하여야 한다.

2월생 갑목(甲木)은 거세므로 경금(庚金)이 있어야 하고 병화(丙火)나 정화(丁火)가 있어야 된다. 무토(戊土)나 기토(己土)가 있어야 화(火)를 설기(洩氣)할 수 있게 되니 그렇게 함으로 경금(庚金)을 보호하여 갑목(甲木)에 재(財)로 사용(使用)할 수 있다.

3월생 갑목(甲木)은 월지(月地)에 진토(辰土)가 있어 경금(庚金)이 진토(辰土)에 생(生)을 받으니 경금(庚金)이 너무 강(强)하다. 그러므로 정화(丁火)를 취(取)하여 제지(制之)하고 임수(壬水)로 경금(庚金)의 기(氣)를 설(洩)기하면 갑목(甲木)이 생(生)함을 받는다.

4월생 갑목(甲木)은 먼저 계수(癸水)를 써야 한다. 4월은 화기(火氣)가 작렬(炸烈)하니 제화(制火)하여야 된다. 그다음으로 경금(庚金)으로 계수(癸水)의 근원(根源)이 발생(發生)하여 주어야 한다. 정화(丁火)는 국내(局內)에 수기(水氣)가 없으면 경금(庚金)이 갑목(甲木)을 극(剋)하므로 상관(傷官)에 화(火) 극(剋)을 만나면 평지풍파(平地風波)가 일어난다. 그러므로 경금(庚金)을 제거(制去)하기 위하여 정화(丁火)를 쓴다.

5월생 갑(甲)은 화기(火氣)가 작렬(作烈)하니 먼저 계수(癸水)를 취(取)하여 조후(調候)하고 경금(庚金)으로 수원을 발현(發顯)시켜야 하며 목성(木性)이 허(虛)하니 경금(庚金)이 성하면 정화(丁火)로 제지(制之)하며 목(木)이 너무 성하면 경금(庚金)을 먼저 사용한다.

6월생 갑목(甲木)은 먼저 계수(癸水)를 써야 하는데 상반월(上半月)에는 5월과 같고 하반월(下半月)에는 경금(庚金)과 정화(丁火)를 쓰면 된다. 이때 우기(雨氣)가 준비되어 오는 시기이므로 그렇게 보는 것이다.

7월생 갑목(甲木)은 월령(月令)에 신금(辛金)이 녹(綠)을 얻어 강하니 정화(丁火)로써 가속하는 것이 좋고 정화(丁火)가 없으면 임수(壬水)로 신금(辛金)의 강함을 설(洩)기 하여 갑목(甲木)을 생(生)하여 살인상생 (殺人相生)을 하여야 한다. 그러나 귀(貴)를 못 하지만 부(富)는 얻을 수 있다.

8월생 갑목(甲木)은 경금(庚金)을 먼저 선택하고 병화(丙火)로 조후 (調候)하고 정화(丁火)로 제살(制煞)한다.

9월생 갑목(甲木)은 경금(庚金)을 써서 수삭(修削)하고 임계수(壬癸 水)로 자윤(磁潤)하여야 한다. 이는 9월에 토(土)가 왕(旺)한 까닭이며 경금(庚金)을 쓰면 정화(丁火)로 제살(制煞)하여야 한다.

10월생 갑목(甲木)은 경금(庚金)을 쓰면 정화(丁火)로 제살(制煞)하고 병화(丙火)로 조후(調候)한다. 그리고 무토(戊土)로 제수(制水)하여야 한다. 이는 10월에 임수(壬水)가 왕(旺)한 때문이다.

11월생 갑목(甲木)은 경금(庚金)을 쓰고 정화(丁火)로 경금(庚金)을 제(制)하며 병화(丙火)로 조후(調候)하고 무토(戊土)로 제수(制水)하여야 한다.

12월생 갑목(甲木)은 정화(丁火)가 많아야 하고 경금(庚金)이 있어야 하며 병화(丙火)가 있어야 조후(調候)를 한다.

2. 을목론(乙木論)

을목(乙木)은 음목(陰木)으로 작은 나무 정원수 또는 덩굴 혹은 가늘고 유하지만 생명력 또한 강한 식물이다. 의외로 사주 구성원을 잘 만나면 대의를 이룰 수 있는 요령과 지혜가 있다.

명예와 의리를 담고 있으며 대성하는 사람들 사주에 이런 음일주가 있을 때 오히려 주위의 인정을 받고 큰일을 도모할 수도 있다.

남자는 정의롭고 잔재주가 많고 생활력이 강하다. 사주가 약하며 남에게 의지하기를 좋아한다. 여자는 현모양처로 가정적이며 생활력 또한 강하니 외유내강의 성격이다.

※ 연간 을목은 지배를 받지 않고 극단적으로 흐른다.
※ 일간 을목은 생활력이 강하고 사교성도 좋으며 외유내강의 성격이다.

을목(乙木)의 일주(日柱)는 아래와 같다.

乙	乙	乙	乙	乙	乙
卯	巳	未	酉	亥	丑
日	日	日	日	日	日

1) 을목 일주별 해설(乙木 日柱別 解說)

을묘일생(乙卯日生)은 을목(乙木)이 묘목(卯木) 새싹 위에 있는 격이라 약한 듯 보이지만 심지가 굳고 외유내강의 성격이다. 갑인을묘(甲寅乙卯) 대계수(大溪水)라 했으니 시내 또는 계곡을 흐르는 물이라 작은 나무 을목(乙木)이 감당하기 어려운 기운이다. 자체가 줏대가 없는 듯 보이는데 내심 강한 의지력으로 인내심이 있고 외유내강 성품의 소유자이다. 겉으로는 순한 척하며 사실은 생활력이 좋은데 대범하지 못하고 소심하며 하고자 하는 말이 있어도 다 하지 못하는 내성적인 성격을 가지고 있다. 주어진 일에는 최선을 다하는, 일을 중시하는 타입이며 일은 잘하지만 남녀 다 부부 궁은 불길하다. 남자는 자식과 일에, 여자는 남자에 집착하는 경향이 있다.

을사일생(乙巳日生)은 을목(乙木)이 사화(巳火)에 있으니 불안하다. 성격이 급하고 뒤끝은 없으며 갑진을사(甲辰乙巳) 복등화(覆燈火)라 했으니 을목(乙木)이 남아나려면 주변의 배려가 아니면 안 된다. 화술도 좋으니 신강자는 대인관계도 잘하고 명예도 중히 여기지만 뒤가 약하고 인덕은 있으며 말을 잘하며 사업수완이 있다. 그러나 신약자는 예의를 잘 지키는 듯하지만 실천력이 부족하고 말만 앞서는 식이라 남에게 인정받기가 어렵다. 남자는 자식과 일에, 여자는 남자에 약하다. 가정운은 반길반흉이다.

을미일생(乙未日生)은 을목(乙木)이 미토(未土) 위에 있으니 뿌리가 튼튼하고 토가 재가 되니 머리가 비상하다. 재(財) 위에, 즉 돈을 깔고 앉아 있으니 돈에 대한 인연이 남다르고 꼭 필요할 때는 없던 돈도 회전이 되는 운이며 내심 강하고 인내심과 의리에도 강하다. 갑오을미(甲午乙未) 사중금(砂中金)이라 금의 성품을 내포하고 있어 냉정하고 고집스럽고 미토가 재이니 머리도 잘 돌아가고 의리도 있으며 판단력이나 추진력이 있으니 사법계나 정계 공직자로 진출하여 봄이 좋을 듯하다. 또한 외유내강의 성격이라 겉으로 보기에는 유한 것 같지만 계산이 빠르고 냉정하기도 하며 신강자는 직업군인이나 의사가 적합하고 신약자는 되는 일 없이 고집만 세다. 진실한 친구가 없다. 을미(乙未) 백호살이 살벌하여 고집스럽고 행운이 박정하다.

을유일생(乙酉日生)은 을목(乙木)이 유금(酉金) 위에 있으니 바위에 뿌리를 박고 있는 나무 격이라 갑신을유(甲申乙酉) 천중수(泉中水), 뿌리 약한 나무가 천중수의 수 기운을 감당하기 어려우니 더욱 의지가 약(弱)하고 의리를 지키려고 하나 끈기와 인내심이 부족하고 겁이 많아 어떤 일이건 한자리에서 오래 지속하기 어려우며 환경의 지배를 많이 받는 온유한 성격이다. 환경에 적응은 잘하지만 추진력이 부족하고 인내심이 부족하며 인덕이 있으나 남녀 다 부부 궁이 불길하다. 남자는 허영심에 빠지기 쉽고 여자는 남자를 조심하여야 한다.

을해일생(乙亥日生)은 을목(乙木)이 해중갑목(亥中甲木)이 뿌리가 되고 임수 인수가 숨어 있으니 머리도 좋고 재주가 많다. 약한 듯하지만 강하다. 갑술을해(甲戌乙亥) 산두화(山頭火)라 산 위에 피는 화(火)라 막힘이 없다. 사업수완도 있다. 외유내강의 성격이며 머리도 좋고 예의와 지혜를 갖추었으니 지도자의 성격이며 포용력도 있다. 신강자는 명예로 승부를 걸고 대의를 꿈꿔볼 수도 있는 성품이다. 의리와 명예를 지키려는 마음에 끈질긴 인내심과 활동력이 있고, 신약자는 직업이 다변하고 분주하고 부부 궁은 평길하다.

을축일생(乙丑日生)은 을목(乙木)이 축중신금(丑中辛金)에 충을 받으니 상태가 불안하다. 갑자을축(甲子乙丑) 해중금(海中金)으로 금(金)의 속성을 지니고 있어 냉정하고 재를 깔고 있으니 의식주는 해결되고 지혜가 있고 냉정한 것 같지만 한습한 나무라 외롭고 불안전한 일주라 불안이 따른다.

의리에 강하며 인덕이 있고 하고자 하는 의지가 있으니 멈추지 말고 노력하면 된다. 움직인 것에 기대를 걸 만한 일이 있을 수 있다. 우직스러운 면도 있으며 충성심과 명예욕이 강하고 정의를 위해 헌신하는 유형이며 냉정하고 철두철미한 사고력을 갖추었으니 실수를 용납 못 한다. 독선적이고 예리한 판단력도 있으나 끈기와 인내심이 부족하며 풍파가 많다. 신강사주는 정치가나 의사가 되면 길하다. 신약사주는 인내심이 부족하므로 기술직에 종사함이 좋고 가정운은 반길반흉이다.

을(乙)의 특성상 경금(庚金)을 좋아하니 을(乙)에 경금(庚金)은 관(官)이라 명예와 의리가 있다. 남녀 공히 의리와 명예를 중요시하는 경향이 많고 남자는 자식에게, 여자는 이성에게 애착심이 강하다.

을년(乙年)의 월주(月柱)는 합금(合金)이다.

戊	己	庚	申	壬	癸	甲	乙	丙	丁	戊	己
寅	卯	辰	巳	午	未	申	酉	戌	亥	子	丑
月	月	月	月	月	月	月	月	月	月	月	月
1月	2月	3月	4月	5月	6月	7月	8月	9月	10月	11月	12月

2) 을목 월별 해설(乙木 月別 解說)

정월생(正月生) 을목(乙木)은 병화(丙火)와 계수(癸水)가 있어야 한다. 병화(丙火)를 취(取)하여 해한(解寒)을 하고 약간의 계수(癸水)를 취(取)하여 자윤(滋潤)하게 하는 것이 좋다. 병화(丙火)를 곤(困)하게 함이 좋지 않으니 화다(火多)하면 계수(癸水)를 쓴다.

2월생 을목(乙木)은 병화(丙火)와 계수(癸水)를 쓴다. 계수(癸水)로써 목(木)을 자양(慈養)하고 병화(丙火)로써 수기(水氣)를 설(洩)하나 금(金)을 봄이 좋지가 않다.

3월생 을목(乙木)은 병화(丙火), 계수(癸水), 무토(戊土)를 취(取)한다. 지(地)에 수국(水局)을 이루었으면 무토(戊土)를 취(取)하여 도움을 얻는다.

4월생 을목(乙木)은 계수(癸水)를 쓴다. 월령(月令)에 병화(丙火)가 녹(綠)을 얻어 오로지 계수(癸水)를 쓰니 조후(調候)가 급(急)하다.

5월생 을목(乙木)은 계수(癸水), 병화(丙火)를 쓴다. 상반월(上半月)에는 계수(癸水)를 쓰고 하반월(下半月)에는 병화(丙火)와 계수(癸水)를 쓴다.

6월생 을목(乙木)은 계수(癸水), 병화(丙火)를 쓴다. 윤토자목(潤土滋木)하면 계수(癸水)를 희용(喜用)하고 주중(柱中)에 금수(金水)가 많으면 병화(丙火)를 쓴다.

7월생 을목(乙木)은 병화(丙火), 계수(癸水), 기토(己土)를 쓴다. 월령(月令)에 경금(庚金)이 사령(司令)하니 병화(丙火)를 취(取)하여 제지하고 만약 계수(癸水)로 화지(火之)하면 용병용계(用丙用癸)를 물론하고 기토(己土)를 돕는 것이 좋다.

8월생 을목(乙木)은 계수(癸水), 병화(丙火), 정화(丁火)를 쓴다. 상반월(上半月)에는 계수(癸水)를 먼저 쓰고 병화(丙火)를 뒤에 쓴다. 하반월(下半月)에는 병화(丙火)를 먼저 쓰고 계수(癸水)를 뒤에 쓴다. 계수(癸水)가 없으면 임수(壬水)를 쓰고 지지(地支)에 수국(水局)을 이루면 또 정화(丁火)를 씀이 좋다.

9월생 을목(乙木)은 계수(癸水), 신금(辛金)을 쓴다. 금(金)으로써 수원(水原)을 발현(發顯)한다. 갑목(甲木)을 보면 등라계갑(藤蘿契甲)이라고 한다.

10월생 을목(乙木)은 병화(丙火), 무토(戊土)를 쓴다. 을목(乙木)이 향양(向陽)하니 오로지 병화(丙火)를 취(取)하고 수(水)가 많으면 무토(戊土)를 도와준다.

11월생 을목(乙木)은 병화(丙火)를 쓴다. 한목(寒木)이 향양(向陽)하니 오로지 병화(丙火)를 쓰고 계수(癸水)를 보는 것은 꺼린다.

12월생 을목(乙木)은 병화(丙火)를 쓴다. 한곡(寒谷)에 회춘(回春)하는 상이니 오로지 병화(丙火)를 쓴다.

3. 병화론(丙火論)

병화(丙火)는 큰 불, 태양을 뜻하지만 태양불은 아무리 비추어도 불씨를 발화하지 못하므로 일에 성과가 더디다. 쓸데없는 욕심은 많고 허세가 심하고 성격이 급하다. 이 또한 사주 구성원에 따라 성패가 갈린다.

남자는 호탕한 듯하지만 성격이 급하고 여자에게 자상하고 돈에 대한 애착이 크고 결벽증이 있다. 여자는 유독 욕심이 많고 성격이 급하고 결벽증이 있다.

※ 연간 병화는 소멸, 폐허, 전쟁, 공포 등의 위험이 있다.
※ 일간 병화는 성질이 급하고 다혈질적이며 직업에 변동이 많다.

병화(丙火)의 일주(日柱)는 아래와 같다.

丙	丙	丙	丙	丙	丙
寅	辰	午	申	戌	子
日	日	日	日	日	日

1) 병화 일주별 해설(丙火 日柱別 解說)

병인일생(丙寅日生)은 병화(丙火) 태양불이 인목(寅木) 위에 있으니 목생화(木生火)하여 강하고 고집이 세고 학업에 운이 중단됨이 있다. 병인정묘(丙寅丁卯) 노중화(爐中火), 불같은 성격에 고집은 있으나 겉으로 보기와 달리 소심하고 재물에 욕심이 많으며 큰일을 도모하지만 오래가지 못한다. 속전속결 무슨 일이건 빨리 끝내는 일이 잘 어울린다. 과격한 성격에 지혜와 언변이 좋으며 추진력도 있다. 신금(辛金)과 합(合)한 자에 예의 없는 이기주의자가 되며 무례함이 있다. 대범해 보이지만 작고 소심하며 매사 즉흥적이라 사람들의 신뢰를 얻기 어렵다. 남녀 다 부부 궁은 평길하다.

병진일생(丙辰日生)은 병화(丙火)가 진토(辰土) 위에 있으니 더욱 화기가 약하고 무엇이든 시작은 잘하지만 끈기와 의지가 없다. 병진정사(丙辰丁巳) 사중토(沙中土)로 모래 속에 흙이라 끈기도 없고 인내심도 없으나 토는 모든 것을 포용하는 성품이 있으므로 감당은 하지 못하지만 오지랖이 넓어 아는 척을 많이 하고 신용과 의리에 무책임하다. 욕심도 있고 사교성도 좋으나 악인은 못 된다. 천품이 착하여 남에게 이용을 잘 당한다. 신강자는 재복도 있고 책임감도 있고 신약자는 용두사미 격으로 말만 호언장담하는 성품이며 남녀 모두 주색을 멀리하여야 하며 재물 욕심을 버려야 한다. 남녀 다 부부 궁은 불길하다.

병오일생(丙午日生)은 병화(丙火)가 오화(午火) 위에 있으니 화끈하고 불같은 성격이나 병오정미(丙午丁未) 천하수(天河水), 하늘에서 내리는 큰물을 담고 있으니 자체 열기는 강한 듯하지만 스스로 좌절되며 불꽃을 활활 피우기가 어려우므로 마음과 행동이 일치하지 못하고 용두사미(龍頭蛇尾) 격이 되기 쉽다. 성나면 당할 수 없다. 그러나 뒤는 없다. 사람 좋다는 말을 듣는다. 부부 궁에 나이 차이가 많이 나지 않는 사람과 맺어져야 편하다. 금융업이나 주류 유통업에 길하다.

병신일생(丙申日生)은 병화(丙火)가 신금(申金) 재(財) 위에 있으니 재물 복이 있고 지혜가 있다. 병신정유(丙申丁酉) 산하화(山下火), 산 아래 불이니 기회를 잘 포착하면 큰일을 할 수도 있는 성품이며 머리도 좋고 잔재주가 많으나 급한 성격이 흠이 될 수도 있다. 지혜와 재물복을 가지고 있으며 언변도 좋으니 대인관계가 좋고 재물 욕심이 많다. 특히 남자는 여자를 좋아하고 움직임이 많은 직업이나 유통업으로 성공할 수 있다. 남녀 다 부부 궁은 평길하다.

병술일생(丙戌日生)은 병화(丙火)가 술토(戌土) 위에 있으니 식어 가는 가을 흙이라 역시 화기가 강하지 못하다. 병술정해(丙戌丁亥) 옥상토(屋上土), 지붕 위에 흙이라 의지가 약하고 위태롭다. 그러나 품으려는 흙에 성품이 있어 오지랖이 넓고 뒷감당 안 되는 허세도 부리고 욕심도 많다. 쓸데없는 고집은 있으나 책임감이 없다. 언변 좋고 사람 좋다는 소리는 듣는다. 그러나 무모하고 저 죽을 줄 모르고 덤비는 격이다. 남 보기에는 꾀나 요령을 잘 부리는 것처럼 보이나 실은 그렇지 못하고 돈에 욕심이 많은 것이 흠이다. 병술(丙戌) 백호살이 있어 행운이 감소하고, 남녀 다 부부 궁은 불길하다.

병자일생(丙子日生)은 병화(丙火)가 자수(子水) 위에 있으니 화에 기운은 허세일 뿐이다. 병자정축(丙子丁丑) 간하수(澗下水)로 흐르는 물에 성품이 있어 소심하고 내성적이며 외강내유, 즉 대범한 듯 보이나 소심하고 겁이 많다. 앞으로 나서기보다 뒤로 후진하는 격이다. 언변 좋고 수단은 있어 보이나 결단력이 부족하여 남에게 의존하며 재물에 약하고 주색을 멀리하여야 한다. 남녀 다 부부 궁이 불길하다.

병년(丙年)의 월주(月柱)는 합수(合水)이다.

庚	辛	壬	癸	甲	乙	丙	丁	戊	己	庚	辛
寅	卯	辰	巳	午	未	申	酉	戌	亥	子	丑
月	月	月	月	月	月	月	月	月	月	月	月
1月	2月	3月	4月	5月	6月	7月	8月	9月	10月	11月	12月

2) 병화 월별 해설(丙火 月別 解說)

정월생(正月生) 병화(丙火)는 임수(壬水), 경금(庚金)을 쓴다. 임수(壬水)가 용신(用神)이 되면 경금(庚金)을 써서 수원을 발현(發顯)하여야 함을 말한다.

2월생 병화(丙火)는 임수(壬水), 기토(己土)를 쓴다. 오로지 임수(壬水)를 쓰나 수다(水多)하면 무토(戊土)로 제지(制之)하고 신약(身弱)하면 인수(印受)로 도와주고 임수(壬水)가 없으면 기토(己土)를 쓴다.

3월생 병화(丙火)는 임수(壬水), 갑목(甲木)을 쓴다. 오로지 임수(壬水)를 쓰니 토(土)가 중(重)하면 갑목(甲木)이 도움을 준다.

4월생 병화(丙火)는 임수(壬水), 경금(庚金), 계수(癸水)를 쓴다. 경금(庚金)이 도와주니 무토(戊土)가 임수(壬水)의 제극(制剋)함을 꺼린다. 임수(壬水)가 없으면 계수(癸水)를 쓴다.

5월생 병화(丙火)는 임수(壬水), 경금(庚金)을 쓴다. 임수(壬水), 경금(庚金)이 신궁(申宮)에 통근(通根)되면 묘(妙)함이 있다.

6월생 병화(丙火)는 임수(壬水)를 쓰고 오로지 경금(庚金)으로 도움을 준다.

7월생 병화(丙火)는 임수(壬水), 무토(戊土)를 쓴다. 임수(壬水)가 신궁(申宮)에 통근(通根)하였으니 임수(壬水)가 많으면 무토(戊土)를 취(取)하여 제지(制之)한다.

8월생 병화(丙火)는 임수(壬水), 계수(癸水)를 쓴다. 사주(四柱)에 병화(丙火)가 많고 임수(壬水)가 1개 있으면 고투(高透)하며 매우 좋다. 임수(壬水)가 없으면 계수(癸水)로 대용한다.

9월생 병화(丙火)는 갑목(甲木), 임수(壬水)를 쓴다. 토(土)의 회광(晦光)함을 무서워하니 먼저 갑목(甲木)을 취(取)하고 다음으로 임수(壬水)를 쓴다.

10월생 병화(丙火)는 갑목(甲木), 무토(戊土), 경금(庚金), 임수(壬水)를 쓴다. 월령(月令)에 임수(壬水)가 영(令)을 얻으니 수왕(水旺)하면 갑목(甲木)으로 화지(化之)하고 신살(身煞)이 양왕(兩旺)하면 무토(戊土)를 써 살(煞)을 제지(制之)하고 화가 왕(旺)하면 임수(壬水)를 쓰고 목(木)이 왕(旺)하면 경금(庚金)을 쓴다.

11월생 병화(丙火)는 임수(壬水), 기토(己土), 무토(戊土)를 쓴다. 양(陽)이 진기(進氣)하니 병화(丙火)가 약중(弱中)에 다시 약(弱)하게 된다. 임수(壬水)를 쓰고 무토(戊土)를 취(取)하여 제지(制之)한다.

12월생 병화(丙火)는 임수(壬水), 갑목(甲木)을 쓴다. 임수(壬水)가 희용(喜用)이 되니 토다(土多)하면 갑목(甲木)이 적을 수 있다.

4. 정화론(丁火論)

정화(丁火)는 음화(陰火)로서 작은 불, 촛불 불씨에 해당하므로 큰 불을 발화할 수 있는 불씨이기 때문에 소극적인 것 같지만 큰불을 낼 수가 있으며 사주의 구성에 따라 대성할 수도 있고 그저 주변에서 도와주는 오행이 없으면 아무 일도 이루지 못하고 냉수 먹고 이 쑤시는 격이다. 하지만 정화(丁火)는 주변의 도움을 받아 자기의 재량을 백 퍼센트 살릴 수도 있는 그런 성품이다.

※ 연간 정화는 미완성을 뜻하고 방해를 잘 받는다. 인정 있고 의타심이 많으며 중상모략에 잘 휘말린다.
※ 일간 정화는 성질이 조급하고 머리는 좋으나 결벽증이 있다.

정화(丁火)의 일주(日柱)는 아래와 같다.

丁	丁	丁	丁	丁	丁
卯	巳	未	酉	亥	丑
日	日	日	日	日	日

1) 정화 일주별 해설(丁火 日柱別 解說)

정묘일생(丁卯日生)은 정화(丁火)가 묘목(卯木) 불에 타기 쉬운 목(木) 위에 있으니 성질도 급하고 불같은 성격이 과격하다. 병인정묘(丙寅 丁卯) 노중화(爐中火), 화로의 불씨가 큰불을 낼 수 있는 불씨이며 정화(丁火)가 임수(壬水)를 좋아하니 정의롭고 소심한 듯 보이지만 의리와 뚝심이 있고 큰일도 마다않을 성품이나 즉흥적인 것이 병이다. 신의를 중히 여기는 성품을 가지고 있다. 또한 머리가 좋고 정에 약하며 처세술이 좋아 대인관계를 잘한다. 그러나 부부 궁은 남녀 다 불길하며 신강자는 일을 중시하고 가정적인 사람이 못 되며 신약자는 머리는 좋으나 정에 약하고 냉정하지 못하여 곤고하고 사치스러운 면도 있다.

정사일생(丁巳日生)은 정화(丁火)가 사화(巳火) 위에 있으니 위아래가 불이라 대단하다. 사중(巳中) 무토(戊土)와 경금(庚金)의 지혜와 포용력을 가지고 있다. 병진정사(丙辰丁巳) 사중토(沙中土), 모래 속에 흙이라 끈기는 없어 보이나 정화(丁火)가 화력이 세서 큰일을 할 수 있는 성품이다. 의리와 명예를 지향하며 대의를 품을 수 있는 성품이며 화끈하고 포용력 또한 갖추었으니 대인관계도 잘한다. 천성이 급하고 과격한 듯하나 신의를 중히 아는 성품이므로 사람이 많이 따른다. 일에 추진력도 있고 사람을 끄는 힘이 있으니 대의를 꿈꿀 수 있다. 남녀 다 가정운은 평길하다.

정미일생(丁未日生)은 정화(丁火)가 미토(未土) 흙 위에 있으니 그 열기가 과히 조절 가능하고 병오정미(丙午丁未) 천하수(天河水)라 모든 일에 조화롭게 처리 가능하고 친화력이 뛰어나니 사업가도 좋고 상업도 잘할 수 있는 소질이 있으며 CEO 기질이 다분하다. 신강자라면 욕심 많고 언변 좋아 대인관계를 잘하며 사업을 잘 끌어 나갈 수 있지만, 신약자는 말과 행동이 일치하지 않아 신용을 지키지 않는 경우가 많다. 남녀 다 가정운은 반길반흉이다.

정유일생(丁酉日生)은 정화(丁火)가 유금(酉金) 위에 있는데 유금(酉金)은 재(財)로서 재물복, 재물 회전 등이 과히 어렵지 않게 돌아가는 운세이며 지혜 또한 출중하다. 병신정유(丙申丁酉) 산하화(山下火)라 산 아래 불이므로 위로 올라갈 수 있는 가능성이 출중하니 재력가가 될 수 있는 성품이다. 두뇌는 있으나 학구적이 못 되며 재복도 있고 예의도 갖추었으나 인정에 약하며 부부 궁이 불길하고 남자는 공직자라면 평길한 운이 될 것이고 여자는 남자에게 약하고 화려한 부부 궁이 될 것이다.

정해일생(丁亥日生)은 정화(丁火)가 해중(亥中)에 갑목(甲木)과 임수(壬水)가 있으니 성격이 급하고 병술정해(丙戌丁亥) 옥상토(屋上土)로 절제와 추진을 잘할 수 있을 것 같아 보이나 길게 할 수 있는 일은 성사하기 어렵고 공직에 종사하거나 주어진 일에 최선을 다하여야 한다. 복잡하게 생각하고 기획하는 일은 하지 않으려 한다. 단순하고 즉흥적인 일에 잘 맞는다. 천품은 착하고 정에 약하고 큰 욕심은 없다. 부부 궁은 불길하며 학구적이고 그때그때 임기응변을 잘하나 일에 막힘이 많다. 신강자는 사회 봉사하는 유형이고 신약자는 샐러리맨이 적합하다.

정축일생(丁丑日生)은 정화(丁火) 불씨가 젖은 흙 축토(丑土)에 있으니 본인의 화(火)의 기질을 다 발휘하지 못하고 시작은 하되 끝을 보기 어렵다. 또한 병자정축(丙子丁丑) 간하수(澗下水)로 위축됨이 많아 큰소리만 치고 뒷감당은 못 하는 그런 경우가 있고 쓸데없는 고집이 정축(丁丑) 백호살(白虎殺)을 작용하여 시작과 끝이 같지 않는 그런 성품이다. 교활하고 고집스러우며 음험하다. 수단을 살려 욕심 없이 종사함이 길하며 잘못하면 사기꾼이 될 수 있다. 힘들이지 않고 쉽게 살려고 하는 경향이 있고 특히 여자는 남자에 약하여 풍파가 있다. 남녀 다 부부 궁이 불길하다.

정년(丁年)의 월주(月柱)는 합목(合木)이다.

壬	癸	甲	乙	丙	丁	戊	己	庚	辛	壬	癸
寅	卯	辰	巳	午	未	申	酉	戌	亥	子	丑
月	月	月	月	月	月	月	月	月	月	月	月
1月	2月	3月	4月	5月	6月	7月	8月	9月	10月	11月	12月

2) 정화 월별 해설(丁火 月別 解說)

정월생(正月生) 정화(丁火)는 갑목(甲木), 경금(庚金)을 쓴다. 추운 계절이므로 화기가 약한데 젖은 나무를 그대로 쓸 수가 없으니 경금으로 나무를 쪼개서 써야 한다. 경금(庚金)을 써 갑목(甲木)을 쪼개서 정화(丁火)를 인도한다.

2월생 정화(丁火)는 경금(庚金), 갑목(甲木)을 쓰니 경금(庚金)으로 을목(乙木)을 버리고 갑목(甲木)으로써 정화(丁火)는 인도한다. 경금(庚金)과 을목(乙木)은 보면 합금(合金)이 되는 관계이므로 갑목(甲木)이라야 갑경충(甲庚冲)으로 나무를 잘게 쪼갤 수 있다는 것이다.

3월생 정화(丁火)는 갑목(甲木)과 경금(庚金)을 쓴다. 갑목(甲木)으로서 정화(丁火)를 인도하며 제토(制土)한 다음 목(木)이 성(盛)하면 경금(庚金)을 쓰고 수(水)가 성(盛)하면 무토(戊土)를 쓴다.

4월생 정화(丁火)는 갑목(甲木)과 경금(庚金)을 쓴다. 갑목(甲木)을 취하여 정화(丁火)를 인도하고 갑목(甲木)이 많으면 경금(庚金)을 취하여 먼저 쓴다.

5월생 정화(丁火)는 임수(壬水), 경금(庚金), 계수(癸水)를 쓰는데 화(火)가 많으면 경금(庚金), 임수(壬水)를 써야 귀(貴)를 한다. 임수(壬水)가 없으면 계수(癸水)라도 쓰니 독살(毒殺)로 권세(權勢)를 잡는다.

6월생 정화(丁火)는 갑목(甲木), 임수(壬水), 경금(庚金)을 쓴다. 갑목(甲木)으로써 임수(壬水)를 화(化)하여 정화(丁火)를 인용(引用)한다. 갑목(甲木)을 쓰는데 능히 경금(庚金)이 없을 수 있으니 경금(庚金)을 취(取)하여 도움을 준다.

7, 8월생 정화(丁火)는 갑목(甲木), 경금(庚金), 병화(丙火), 무토(戊土)를 쓴다. 경금(庚金)을 취(取)하여 갑목(甲木)을 쪼개고 갑목(甲木)이 없으면 을목(乙木)을 쓴다. 병화(丙火)를 쓰며 금(金)을 덥게 하고 갑목(甲木)을 빛나게 한다. 경금(庚金), 갑목(甲木)이 없으면 을목(乙木)을 쓰니 병화(丙火)를 보아야 고초(枯草)가 인등(引燈)하게 된다. 수왕(旺)하면 무토(戊土)를 쓴다.

9월생 정화(丁火)는 갑목(甲木), 경금(庚金), 무토(戊土)를 쓴다. 일파(一派) 무토(戊土)에 갑목(甲木)이 없으면 상관상진(傷官傷盡)이라 한다.

10, 11, 12월생 정화(丁火)는 갑목(甲木), 경금(庚金)을 쓴다. 경금(庚金)으로 갑목(甲木)을 자르고 정화(丁火)를 인도하니 갑목(甲木)으로 위주(爲主)로 한다. 그리고 경금(庚金)으로 돕는다. 무토(戊土)와 계수(癸水)의 권세(權勢)에 따라 적의(適宜)하게 쓴다.

5. 무토론(戊土論)

무토(戊土)는 양토(陽土)로서 큰 산, 대역사를 이룰 수 있는 넓은 대지를 뜻한다. 모든 것을 품어 주는 포용력이 있고 인자한 듯하지만 욕심이 많다.

어마어마한 것을 품을 수 있는 아량과 배포가 배가되나 이 또한 사주 구성원이 약하고 역사를 이룰 수 있는 오행이 갖추어지지 않으면 아쉽게도 큰 뜻을 펴지 못한다. 오염된 토가 되고 만다.

또한 무토(戊土)가 계수(癸水)를 보면 합을 하려 하고 계수(癸水)를 좋아한다. 따라서 남녀 모두 계수가 돈이므로 돈에 대한 욕심이 크고 돈으로 인한 애로가 크다.

무토(戊土)에 계수(癸水)가 재물이므로 재물이 물로 처음은 작은 물로 시작하지만 욕심을 부리면 큰물이 되어 흙이 쓸려 나가는 것과 같다.

특히 남자는 여자를 좋아하고 여자에게 자상하지만 연상의 여자와 인연을 맺을 확률이 높고 간혹 정상적인 결혼을 못하는 경우가 있다. 여자는 통이 크고 욕심이 많아 큰손이 될 수도 있다.

※ 연간 무토는 넓은 땅, 대지를 뜻하며 통이 크고 큰일을 좋아한다.

※ 일간 무토는 자존심이 강하고 신용이 있으며 변동성이 없고 옹졸하다. 집착력이 강하고 다(多)하면 저축성이 강하며 말이 많다. 불급이면 모래 위에 성을 쌓은 격이다. 되는 일이 없고 신경과민이 될 수 있다.

무토(戊土)의 일주(日柱)는 아래와 같다.

戊	戊	戊	戊	戊	戊
寅	辰	午	申	戌	子
日	日	日	日	日	日

1) 무토 일주별 해설(戊土 日柱別 解説)

무인일생(戊寅日生)은 무토(戊土)가 인목(寅木) 위에 있으니 덩치는 크나 불안한 형국이다. 큰 흙이 나무 위에 있으니 무인기묘(戊寅己卯) 성두토(城頭土), 말 그대로 큰 흙이 나무 위나 성 꼭대기에 있으면 역사를 이루지 못할 수밖에 없다. 심성은 모든 것을 품을 성품이나 불안전한 관계로 욕심은 많고 성품은 좋으나 추진력이 약하며 가정운은 안주장(내주장)하여야 길하다. 남녀 다 가정운이 원만하다.

무진일생(戊辰日生)은 무토(戊土)가 진토(辰土) 위에 있으니 초석이 단단하다. 대역사를 이룰 수 있는 큰일을 해낼 수 있는 성품이며 무진기사(戊辰己巳) 대림목(大林木)으로 목의 속성인 곧은 성품 또한 있으니 한 번 정한 것은 변함이 없고 융통성이 없다고 할 정도로 고지식하고 고집스럽다. 재물에 대한 욕심도 많고 포용력은 큰 것 같지만 융통성이 부족한 관계로 매사가 부드럽지 못하고 독선적이다. 무진(戊辰) 백호살이 동주하고 있어 고집이 대단히 세다. 남녀 다 고집이 세고, 하고자 하는 주장을 굽힐 줄 모른다. 특히 여자는 욕심이 많고 자존심이 강하여 고독하다. 가정운은 친구 같은 동년배를 만나면 길하다.

무오일생(戊午日生)은 무토(戊土)가 오화(午火) 위에 있으니 속에 불을 담고 있는 흙이며 편인(偏印) 일주라 머리가 좋고 욕심도 대단히 많고 고집스럽고 학업중도 운이 있고 유독 재물에 대한 욕심이 많고 무오기미(戊午己未) 천상화(天上火)로서 대의를 품어도 잘 풀어낼 수 있을 것이다. 욕심과 화술도 갖추었으며 재주 또한 좋다. 능력도 있고 자기 주장이 강하며 사업가로 대성할 수 있으며 부부 궁은 평길하다.

무신일생(戊申日生)은 무토(戊土)가 신금(申金) 위에 있으니 속이 단단하지 못하고 겉과 속이 다른 이중성격자가 될 수도 있다. 무신기유(戊申己酉) 대역토(大驛土)이나 심지가 깊지 못하고 토생금(土生金), 금(金) 위에 있으니 자리가 단단하지 못하여 불안하고 위태위태한 마음이라. 포용력은 있으나 속이 깊지 않으며 욕심은 있으나 안일하고 적극적이지 않으며 무사태평이어서 발전적이지 못하다. 말재주가 있으나 말에 허세가 심하며 우선 말을 앞세우는 경향이 있다. 남의 덕을 보고 편하게 살려고 하는 의타심이 강하며 남녀 다 부부 궁은 무해무덕하다.

무술일생(戊戌日生)은 무토(戊土)가 술토(戌土) 위에 있으니 초석이 반듯하고 성품 또한 무술기해(戊戌己亥) 평지목(平地木)으로 목의 속성 또한 있으니 굳고 곧은 성품에 한 번 정한 마음 변함없고 융통성이 부족이라 인가간관계가 원만하지 못하다. 무술 괴강살이라 유독 자존심이 강하고 토일주면서 품기보다 밀어내는 기운이 더 강하니 외롭다. 하고자 하는 말은 참지 못하고 다 하고 본다. 자존심 강하고 욕심 많고 고지식하며 충성심도 있고 성실하나 독선적인 면이 있다. 부부 궁은 반길반흉하나 나이 차이가 많이 나지 않는 친구 같은 관계라야 길하다.

무자일생(戊子日生)은 무토(武土)가 자수(子水) 위에 있으니 수(水)가 재(財)이니 일단 재물은 타고난 운이며 아무리 어려워도 재물 마를 날은 없다. 또한 재치 있고 무자기축(戊子己丑) 벽력화(霹靂火)로 재치와 순발력이 빠르며 무정한 듯하나 화기애한 분위기 조성도 잘하는 성품이며 주변에 사람이 많다. 우선 있어 보이고 여자에게 자상하고 도화 일주라 화려한 것을 좋아하고 분위기 조성을 잘하니 사람이 모인다. 그러나 남자는 주색을 멀리해야 하며 여자는 욕심을 버려야 한다. 남녀 다 부부 궁은 불안하다.

무년(戊年)의 월주(月柱)는 합화(合火)이다.

甲	乙	丙	丁	戊	己	庚	辛	壬	癸	甲	乙
寅	卯	辰	巳	午	未	申	酉	戌	亥	子	丑
月	月	月	月	月	月	月	月	月	月	月	月
1月	2月	3月	4月	5月	6月	7月	8月	9月	10月	11月	12月

2) 무토 월별 해설(戊土 月別 解說)

정월(正月)과 2월생 무토(戊土)는 병화(丙火), 갑목(甲木), 계수(癸水)를 쓴다. 병화(丙火)의 온난(溫暖)함이 없으면 무토(戊土)는 살 수가 없다. 갑목(甲木)의 소벽(疏劈)함이 없으면 만물이 불장(不長)하니 먼저 병화(丙火)를 쓰고 다음으로 계수(癸水)를 쓴다.

3월생 무토(戊土)는 병화(丙火), 갑목(甲木), 계수(癸水)를 쓴다. 무토(戊土)가 사령(司令)하니 먼저 갑목(甲木)으로써 유통(流通)시키고 다음으로 병화(丙火)를 쓰고 또 계수(癸水)를 쓴다.

4월생 무토(戊土)는 갑목(甲木), 병화(丙火), 계수(癸水)를 쓴다. 무토(戊土)가 건록(建綠)에 있으니 먼저 갑목(甲木)으로써 소벽(疏劈)하고 다음으로 계수(癸水)를 쓴다.

5월생 무토(戊土)는 조후(調候)가 급(急)하니 먼저 임수(壬水)를 쓰고 다음으로 갑목(甲木)을 쓰며 병화(丙火)를 배용(配用)한다.

6월생 무토(戊土)는 조후(調候)가 급(急)하나 계수(癸水)를 어긋나게 할 수 없고 병화(丙火)를 작용(酌用)하되 토(土)가 중(重)하면 갑목(甲木)이 없을 수 없다.

7월생 무토(戊土)는 병화(丙火), 계수(癸水), 갑목(甲木)을 쓴다. 한기가 점증(漸增)하니 먼저 병화(丙火)를 쓰고 수(水)가 많으면 갑목(甲木)으로 설기(洩氣)한다.

8월생 무토(戊土)는 병화(丙火), 계수(癸水)를 쓴다. 병화(丙火)의 온난(溫暖)하게 함을 의지하고 수(水)로써 자윤(滋潤)하게 함이 기쁘다.

9월생 무토(戊土)는 갑목(甲木), 병화(丙火), 계수(癸水)를 쓴다. 무토(戊土)가 점증(漸增)하니 먼저 갑목(甲木)을 쓰고 다음으로 병화(丙火)를 쓴다. 금(金)을 보면 먼저 병화(丙火)를 취하니 갑목(甲木)이 불령(不靈)하고 병화(丙火)가 아니면 따뜻하지 아니하다.

10월생 무토(戊土)는 갑목(甲木), 병화(丙火)를 쓴다. 갑목(甲木)이 아니면 무토(戊土)가 불령(不令)하고 병화(丙火)가 아니면 따뜻하지 못하다.

11, 12월생 무토(戊土)는 병화(丙火)가 갑목(甲木)을 쓴다. 병화(丙火)를 으뜸으로 하고 갑목(甲木)으로써 도움을 준다.

6. 기토론(己土論)

　기토(己土)는 음토(陰土)로서 작은 토, 화분에 담긴 토이므로 역사를 이루기 턱없이 부족하다. 토는 모든 것을 품을 수 있는 아량이 있지만 작은 그릇에 담긴 작은 흙은 자기 스스로 아무런 힘을 발휘하지 못하고 속에 품은 기량은 아무리 크다 해도 생각뿐이다. 그러나 다행하게도 사주 구성원이 조화롭게 작용을 하면 대의에 도전해 볼 수 있고 승부욕이 있다.

　기토(己土)는 자존심이 강하고 환경에 변화가 많다. 작은 흙이다 보니 이리저리 이동하기 쉽고 한곳에 정착하기에 어려움이 있고 사주에 강약에 따라 많은 영향을 받는다. 기토(己土)는 갑목(甲木)을 좋아하므로 정의로움이 있고 남자는 명예와 권력에, 여자는 남자에 약하다.

　※ 연간 기토는 방황, 허영, 죽음, 단명이다.
　※ 일간 기토는 자존심이 강하고 신용이 있으며 변통성이 없고
　　옹졸하다. 집착력이 강하고 말이 많다.

기토(己土)의 일주(日柱)는 아래와 같다.

己	己	己	己	己	己
卯	巳	未	酉	亥	丑
日	日	日	日	日	日

1) 기토 일주별 해설(己土 日柱別 解說)

　기묘일생(己卯日生)은 기토(己土)가 묘목(卯木) 위에 있으니 작은 흙이 나무 위에 있는 격이라 불안하고 건강 또한 약하다. 무인기묘(戊寅己卯) 성두토(城頭土), 가뜩이나 작은 흙이 성두토라 보이는 것은 크나 의지도 약하고 할 수 있는 것이 없으며 건강도 약하고 매사 불안전하다. 기토(己土)가 갑목(甲木)을 좋아하니 정의롭고 신의를 알아 의리는 있으나 끈기가 부족하고 겁이 많고 사치스러운 경향이 있고 성품은 착하고 인정이 많으며 우유부단하고 가장으로 안주장을 하여야 길하다. 마음과 행동이 일치하기 어렵고 특히 여자는 남자를 조심하여야 한다. 남자에게 약한 마음이 환란을 불러온다.

　기사일생(己巳日生)은 기토(己土)가 사화(巳火) 위에 있으니 작은 흙이지만 불 위에 있으니 바짝 마른 흙으로서 물을 만나면 한몫을 할 수 있다. 포부도 크고 성품도 무진기사(戊辰己巳) 대림목(大林木), 숲을 이루는 성품이 있으며 목의 속성이 자리 잡고 있어 고지식하고 융통성은 부족하지만 정의롭고 사법관으로서도 손색이 없다. 신강자는 정의에 앞장서는 두령 격, 의리와 명예를 중하게 여긴다. 신약자는 강자에게 끌려가는 유형이다. 남녀 부부 궁은 평길하다.

기미일생(己未日生)은 기토(己土)가 미토(未土) 위에 있으니 작은 흙이지만 뿌리가 단단하고 무오기미(戊午己未) 천상화(天上火)로 화기애한 성품에 사교성도 있고 대인관계도 잘할 수 있으며 심지가 굳고 의리도 있으며 명예를 중시하고 사람을 잘 모으는 재주가 있고 대업을 이룰 수 있으며 큰일을 잘 처리할 수 있는 소질이 있으나 그릇이 작아 큰일은 어렵다. 신강자는 의리도 있고 포부도 크며 큰일에 앞장서고 명예에 대한 욕심도 있다. 그러나 신약자는 욕심은 있으나 무모하다. 부부 궁은 친구 같은 상대를 만나야 길하다.

기유일생(己酉日生)은 기토(己土)가 유금(酉金) 위에 있는 것이다. 가뜩이나 작은 흙이 금 위에 있어 자리가 불안하므로 마음도 약하고 건강도 약하며 매사 마음만 앞서고 실천력은 떨어진다. 무신기유(戊申己酉) 대역토(大驛土)로 토의 성품인 모두 품으려고 하는 마음이 자신을 힘들게 한다. 자신의 기량보다 담을 양이 감당이 안 되어도 거절하지 못하고 저 죽는 줄 모르고 허세를 잘 부린다. 순간적인 직감이 빠르고 언변 또한 좋고 큰 욕심은 없다. 천성이 착하며 인내심은 있으나 부부 궁에 환란이 있다. 남자는 쓸데없는 욕심 때문에 가정에 소홀하고 책임감 또한 약하며 여자는 내조자로는 적합한 성격이나 남편 덕은 없다.

기해일생(己亥日生)은 기토(己土)가 해수(亥水) 위에 있으니 항상 머리를 쓰게 된다. 어떻든지 살아남기 위한 머리를 쓸 일이 많고 항상 재물은 따르나 무술기해(戊戌己亥) 평지목(平地木)으로 목의 속성이 있다 보니 고지식하고 자존심 또한 강하고 지기 싫어 부리는 허세도 있으며 잔머리도 잘 굴린다. 그러나 사업가로는 부적합하고 기술직이나 직장인으로 의식주는 과히 어려움이 없겠으나 대인관계가 부족하고 자기 꾀에 자기가 빠지는 수가 있다. 남자는 명예와 자식 위주, 여자는 남편 위주로 산다.

기축일생(己丑日生)은 기토(己土)가 축토(丑土) 위에 있으니 작은 흙이라도 바닥이 젖은 축토(丑土)이니 배짱이 대단하다. 큰일도 도모할 수 있을 만큼 배짱도 있다. 무자기축(戊子己丑) 벽력화(霹靂火), 화술도 좋아 은근히 일처리를 잘하는 재주가 있고 맹목적인 충성심과 우직함도 있으며 때로는 사교적이기도 하고 제 몸 돌보지 않고 일하는 유형이다. 신강자는 정의파 정치 언론인에 길하다. 대인관계도 잘하고 사업가를 해도 좋으며 상업에도 성공할 수 있다. 의리도 있고 신약자는 남에게 지기 싫어하므로 따라서 충성하는 격이다. 부부궁은 친구 같은 관계가 길하다.

기년(己年)의 월주(月柱)는 합토(合土)이다.

丙	丁	戊	己	庚	辛	壬	癸	甲	乙	丙	丁
寅	卯	辰	巳	午	未	申	酉	戌	亥	子	丑
月	月	月	月	月	月	月	月	月	月	月	月
1月	2月	3月	4月	5月	6月	7月	8月	9月	10月	11月	12月

2) 기토 월별 해설(己土 月別 解說)

정월생(正月生) 기토(己土)는 병화(丙火), 경금(庚金), 갑목(甲木)을 쓴다. 병화(丙火)를 취하여 해동(解凍)시키니 임수(壬水)를 보면 대기(大忌)한다. 만일 수다(水多)하면 무토(戊土)를 써 돕고 토다(土多)하고 갑목(甲木)이 많으면 경금(庚金)을 쓴다.

2월생 기토(己土)는 갑목(甲木), 계수(癸水), 병화(丙火)를 쓴다. 갑목(甲木)을 쓰게 되면 기토(己土)와 화합(和合)하게 됨을 불요(不要)하고 다음으로는 계수(癸水)로써 윤택(潤澤)하게 해야 한다.

3월생 기토(己土)는 병화(丙火), 계수(癸水), 갑목(甲木)을 쓴다. 먼저 병화(丙火)를 쓰며 뒤에 계수(癸水)를 쓰고 토(土)를 따뜻하게 하며 윤택(潤澤)하게 하여야 하고 갑목(甲木)으로 소토(疏土)하여야 한다.

4, 5, 6월생 기토(己土)는 계수(癸水), 병화(丙火)를 쓴다. 조후(調候)가 급(急)하니 능(能)히 계수(癸水)를 쓰지 아니할 수 없고 토(土)가 윤택(潤澤)하면 능(能)히 병화(丙火)가 있어야 한다.

7월생 기토(己土)는 병화(丙火), 계수(癸水)를 쓴다. 병화(丙火)로서 온후(溫候)하게 하고 계수(癸水)로 자윤(滋潤)하게 한다. 7월에 경금(庚金)이 사령(司令)하니 병화(丙火)로써 금(金)을 제극(制剋)하고 계수(癸水)로 설금(洩金)한다.

8월생 기토(己土)는 병화(丙火), 계수(癸水)를 쓴다. 신금(辛金)을 취(取)하여 계수(癸水)의 도움을 받는다.

9월생 기토(己土)는 갑목(甲木), 병화(丙火), 계수(癸水)를 쓴다. 9월에는 토(土)가 성(盛)하니 갑목(甲木)으로써 소토(疏土)하고 다음으로 병화(丙火), 계수(癸水)를 쓴다.

10, 11, 12월생 기토(己土)는 갑목(甲木), 계수(癸水)를 쓴다. 삼동(三冬)의 기토(己土)는 병화(丙火)가 따뜻하게 하지 않으면 생(生)하지 못한다. 초동(初冬)에 임수(壬水)가 왕(旺)하니 무토(戊土)를 취(取)하여 제극(制剋)하고 토(土)가 많으면 갑목(甲木)을 취(取)하여 소토(疏土)한다.

7. 경금론(庚金論)

경금(庚金)은 양금(陽金)으로 강한 것을 내포하나 경금(庚金)은 광산에서 갓 캐낸 광물과 같아서 강한 듯하지만 약하다. 불에 들어가면 녹아 버리고 녹여서 강하게 담금질을 해야만 강해진다.

부러지기는 해도 휘어지는 법이 없고 금속의 차가움이 냉정하기가 서릿발 같으나 사주에 정화(丁火)가 있고 수(水)가 있으면 강해질 수 있다.

조건이 갖추어지면 대부가 될 수 있다. 남자가 경금(庚金) 일주면 외관상은 인물도 좋고 건강미도 있고 강해 보이지만 냉정하고 가장으로는 부적합하므로 애인감으로만 좋다. 여자 경금(庚金) 일주는 의외로 상냥하고 약한 성품이지만 금전에 애착이 많고 내조자로는 부적합하다.

※ 연간 경금은 안정성이 없어 불안하다.
※ 일간 경금은 강직하고 냉정하며 머리는 비상하고 말이 없고 유대관계가 순탄하지 않다.

경금(庚金)의 일주(日柱)는 아래와 같다.

庚	庚	庚	庚	庚	庚
寅	辰	午	申	戌	子
日	日	日	日	日	日

1) 경금 일주별 해설(庚金 日柱別 解說)

　　경인일생(庚寅日生)은 경금(庚金)이 인목(寅木) 위에 있으니 인목(寅木)은 재(財)이므로 머리 좋고 고지식하고 절도가 있다. 재복도 갖추었으나 융통성은 부족하다. 경인신묘(庚寅辛卯) 송백목(松柏木)으로 금이지만 목의 속성이 있어 자존심이 강하고 생각이 많고 실천력과 포용력은 부족하다. 경금(庚金)은 흙을 가까이해야 강해지는데 목 위에 있으니 머리만 쓰게 되고 흙을 밀어내는 관계로 외롭다. 신강자는 자만에 빠지기 쉽고, 신약자는 남에게 의지하는 삶을 살게 되며 혼자서는 어떤 일도 해결하기 어려운 안일한 성품이다. 가정운은 반길반흉이다.

　　경진일생(庚辰日生)은 경금(庚金)이 진토(辰土) 위에 흔들림이 없으니 주거에 변동이 없다. 경진신사(庚辰辛巳) 백납금(白鑞金)으로 자리 지킴을 잘하고 융통성이 없고 냉정하며 사람이 인색하다. 머리 좋고 욕심 많고 잔인하고 겁이 없고 큰일을 저지르고도 태연할 수 있는 뻔뻔함이 있고 재복은 갖추었으나 친구가 없다. 의사나 군인, 직장인 등 주어진 일은 책임을 다하는 성품이다. 신강자는 더욱 독선적이고 신약자는 자기 머리만 믿고 처세하는 무모함이 있다. 인간관계가 원만하지 않다. 남자는 여자에게 잘하는 성격이며 여자는 금전에 애착이 많아 부부 궁은 평길하다.

경오일생(庚午日生)은 경금(庚金)이 오화(午火) 위에 있으니 자리가 불안하여 주거 변동이 있고 천품은 착하나 요령이 없고 우직스럽다. 경오신미(庚午申未) 노방토(路傍土)로 오지랖이 넓고 남에 일에 참견을 잘하며 맹목적으로 봉사하는 격이다. 재물 욕심이 많으나 요령과 인내심이 매우 부족하며 기술직이나 직장인으로 주어진 일에 성실하며 남녀 다 부부 궁은 불길하다.

경신일생(庚申日生)은 경금(庚金)이 신금(申金) 위에 있으니 머리 쓰는 것을 좋아하지 않고 잔꾀가 비상하며 학구적인 것을 좋아하지 않는다. 경신신유(庚申辛酉) 석류목(石榴木)으로 금이면서 목의 속성 또한 있으니 자존심 강하고 고지식하고 융통성도 없고 인정도 없으며 욕심은 많다. 자기밖에 모르는 이기주의자가 되기 쉽다. 신강자는 단순한 직종이나 기술직에 종사함이 좋고 신약자는 수산업을 함이 좋다. 부부 궁은 동년배를 만나면 평길하다.

경술일생(庚戌日生)은 경금(庚金)이 술토(戌土) 위에 있으니 지반이 튼튼하여 강하고 안전성이 있으며 머리 좋고 욕심 많고 냉정하고 책임감 또한 강하다. 경술신해(庚戌辛亥) 차천금(釵釧金)으로 금속의 금속성이 있으니 냉정하고 인정도 없고 자기밖에 모른다. 한 번 아닌 것은 두 번 다시 생각하지 않는다. 남자는 여자에게 잘하고 가정적이며 자기 가정 관리는 잘한다. 여자는 금전에 욕심이 많고 대인관계는 부드럽지 못하나 가정운은 평길하다.

경자일생(庚子日生)은 경금(庚金)이 자수(子水) 위에 있으니 지반이 약하므로 마음도 약하고 매사가 외강내유로 겉과 속이 다른 이중인격자가 되기 쉽다. 경자신축(庚子辛丑) 벽상토(壁上土)로 토의 성품이 내포되어 있으니 모든 것을 품을 것 같지만 허세가 심하고 책임감이 부족하며 외모는 출중하나 허울뿐 도움이 되지 못하니 매사 남에게 의존하지 않으면 생활도 어렵다. 남자는 여자한테 잘하나 가정을 책임지지 못하니 가장으로 부적합하다. 여자는 싹싹한 성품에 화려한 것을 좋아하고 남자 복이 없다.

경년(庚年)의 월주(月柱)는 합금(合金)이다.

戊	己	庚	辛	壬	癸	甲	乙	丙	丁	戊	己
寅	卯	辰	巳	午	未	申	酉	戌	亥	子	丑
月	月	月	月	月	月	月	月	月	月	月	月
1月	2月	3月	4月	5月	6月	7月	8月	9月	10月	11月	12月

2) 경금 월별 해설(庚金 月別 解說)

정월생(正月生) 경금(庚金)은 무토(戊土), 갑목(甲木), 병화(丙火), 정화(丁火)를 쓴다. 병화(丙火)로써 경금(庚金)의 성질을 따뜻하게 하고 토후(土厚)하면 금리(金理)가 염려스러우니 갑목(甲木)으로 소설(疏洩)하고 화(火)가 다(多)하면 토(土)를 쓰고 지지(地支)에 화국(火局)을 이루면 임수(壬水)를 쓴다.

2월생 경금(庚金)은 정화(丁火), 갑목(甲木), 경금(庚金), 병화(丙火)를 쓴다. 경금(庚金)이 암강(暗强)하면 오로지 정화(丁火)를 쓰고 갑목(甲木)을 빌어 정화(丁火)를 인도하며 정화(丁火)가 없으면 병화(丙火)를 쓴다.

3월생 경금(庚金)은 갑목(甲木), 정화(丁火), 임수(壬水), 계수(癸水)를 쓴다. 완금(頑金)이면 정화(丁火)를 쓰는 것이 좋고 토(土)가 왕(旺)하면 갑목(甲木)을 쓰며 경금(庚金)의 벽갑(劈甲)을 쓰지 아니한다. 지지(地支)에 화(火)가 있으면 계수(癸水)를 쓰는 것이 좋고 간(干)에 화(火)가 있으면 임수(壬水)를 쓴다.

4월생 경금(庚金)은 임수(壬水), 무토(戊土), 병화(丙火), 정화(丁火)를 쓴다. 병화(丙火)가 용금(用金)을 못하니 오직 임수(壬水)의 제극(制剋) 을 좋아하고 다음으로 무토(戊土)를 취(取)하여 병화(丙火)로 도움을 준다. 지지(地支)에 금국(金局)을 이루면 약(弱)한 것이 변하여 도리어 강(强)하게 되니 정화(丁火)를 써야 한다.

5월생 경금(庚金)은 임수(壬水), 계수(癸水)를 쓴다. 오로지 임수(壬水)를 쓰고 계수(癸水)가 다음이 되며 지지(地支)에 경신금(庚辛金)을 보면 도움이 된다. 임계수(壬癸水)가 없으면 무기토(戊己土)로 화기(火氣)를 설(洩)한다.

6월생 경금(庚金)은 정화(丁火), 갑목(甲木)을 쓴다. 만일 지지(地支)에 토국(土局)을 회성(會成)하면 갑목(甲木)을 먼저 쓰고 뒤에 정화를 쓴다.

7월생 경금(庚金)은 정화(丁火), 갑목(甲木)을 쓴다. 오로지 정화(丁火)를 쓰고 갑목(甲木)으로 정화(丁火)를 인도한다.

8월생 경금(庚金)은 정화(丁火), 갑목(甲木), 병화(丙火)를 쓴다. 정화(丁火), 갑목(甲木)으로써 금(金)을 다루고 병화(丙火)를 겸용(兼用)하여 조후(調候)한다.

9월생 경금(庚金)은 갑목(甲木), 임수(壬水)를 쓴다. 토(土)가 후(厚)하면 갑목(甲木)을 먼저 써서 소토(疏土)하고 다음으로 임수(壬水)로써 기토(己土)가 임수(壬水)를 흐리게 할까 두렵다.

10월생 경금(庚金)은 정화(丁火), 병화(丙火)를 쓴다. 수(水)가 한냉(寒冷)하고 금(金)이 한(寒)하니 병화(丙火)를 쓰고 갑목(甲木)으로 도움을 준다.

11, 12월생 경금(庚金)은 병화(丙火), 정화(丁火), 갑목(甲木)을 쓴다. 정화(丁火), 갑목을 취(取)하고 다음으로 병화(丙火)의 조난(照暖)을 당한다. 일파금수(一派金水)면 화양(和陽)한 곳에 들어가지 못하므로 고빈(孤貧)하게 된다.

8. 신금론(辛金論)

신금(辛金)은 음금(陰金)으로 잘 가공된 보석과 같다. 이미 여러 번 불속에 들어갔다 나와 담금질이 잘되어 다듬어진 연장과 같아서 약한 듯하지만 내심 강하다. 뜨거운 불속에 들어갔다 나온 금속인 관계로 인내심도 있으며 의리에 강하고 때로는 비굴해 보이기도 하지만 외유내강한 사주다.

죽음에도 초연하고 인내심도 있으며 남에게 속을 잘 주지 않는다. 자존심이 강하고 유대관계가 원만하지 않다.

남자 사주 신금일주는 약하고 비굴하며 기회주의자가 되지만 여자 사주 신금일주는 외유내강으로 상황 판단을 잘하고 남자에게 헌신적이지만 남자복은 없다. 사주 구성원에 따라 보석이 될 수도 연장이 될 수도 있으며 어디에도 잘 적응을 한다.

※ 연간 신금은 혁명적이고 죽음에 초연하다.
※ 일간 신금은 외유내강으로 인내심이 강하고 머리가 비상하나
   유대관계는 순탄하지 않다.

신금(辛金)의 일주(日柱)는 아래와 같다.

辛	辛	辛	辛	辛	辛
卯	巳	未	酉	亥	丑
日	日	日	日	日	日

1) 신금 일주별 해설(辛金 日柱別 解說)

신묘일생(辛卯日生)은 신금(辛金)이 묘목(卯木) 위에 있으니 잘 드는 낫이나 도끼가 작은 나무 위에 있는 격이니 할 일이 많고 잘 처리할 수 있는 수완도 겸비하고 있다. 할 일이 많다 보니 날카롭고 자존심이 강하며 머리도 좋고 일처리를 잘할 수 있는 성품이다.

또한 묘목이 재물이니 적당히 재물도 흐르고 경인신묘(庚寅辛卯) 송백목(松柏木)으로 금의 성품이면서 나무에 절개가 있으니 자존심이 강하고 하고자 하는 것은 이루는 성품이다.

사주가 약하면 타인의 도움으로 큰일도 끌고 갈 수 있는 소질이 있다. 대의를 바라볼 수도 있고 남자는 명예와 권력을 탐하니 적당한 인덕만 있으면 대성할 수 있으며 여자는 현모양처로 가정을 잘 끌어갈 것이다.

신사일생(辛巳日生)은 신금(辛金)이 사화(巳火) 위에 있으니 예민하고 약하다. 신금이 불 위에 있으니 늘 불안하고 판단력은 빠르나 집중력이 부족하고 남에게 잘하고도 인정을 받지 못하고 가정에 불화가 있다. 경진신사(庚辰辛巳) 백납금(白鑞金)으로 약한 금이 또한 금의 속성을 가지고 있으니 인간관계가 부드럽지 못하고 인정도 없으며 주변에 사람이 없다. 신금(辛金) 자체가 보석이니 재주도 있고 빛이 나지만 사화(巳火) 위에 있어 자리가 불안하며 자리를 회피하려는 양으로 늘 불안, 초조하여 좌불안석을 못 하여 마음을 잡지 못하고 책임감도 없고 남의 탓을 하기 좋아한다. 남녀 다 가정운이 불길하다.

신미일생(辛未日生)은 신금(辛金)이 미토(未土) 위에 있으니 자리가 편해 보이나 흙이 필요하지 않은 금이므로 머리가 잘 돌아가고 자신을 빛내기 위한 노력파에 속한다. 경오신미(庚午辛未) 노방토(路傍土)로 토의 성품이 있으니 모두를 품으려고 하는 오지랖이 넓고 사람들 관계가 좋으며 모든 일에 앞장서는 타입이고 의리와 명예를 중히 여긴다. 신강자는 인덕이 없어 자립성가해야 하고 신약자는 인덕이 있어 대업을 이룰 수 있다. 남자는 소심하고, 여자는 대범하며 현모양처로 적합하다.

신유일생(辛酉日生)은 신금(辛金)이 유금(酉金) 위에 있으니 반석이 튼튼한 보석 같은 성품이다. 경신신유(庚申辛酉) 석류목(石榴木)으로 나무처럼 곧은 나무에 성품이 있어 자존심이 강하고 하고자 하는 일은 기필코 하고 마는 직성이 있으며 포부는 크나 물욕이 아닌 명예욕이고 어려운 난관도 잘 풀어 나갈 수 있는 성품이다. 신강자는 일은 잘 하지만 인덕이 없어 목적을 이루기 어렵고, 신약자는 인덕이 있어 대업을 꿈꿀 수도 있다. 가정운은 친구 같은 내조자를 만나면 길하다. 남자는 가정보다 대업을 꿈꾸고 일과 명예를 좋아하며 여자는 현명한 내조자로 손색은 없으나 부부 궁이 도화 일주라 부부 궁이 순탄하지가 않다.

신해일생(辛亥日生)은 신금(辛金)이 해수(亥水) 위에 있으니 물에 가라앉을 위험이 있어 몸도 마음도 약하다. 신금은 물로 씻어 빛을 내지만 해중 임수 바닷물에 속하니 해저로 가라앉을 위험이 있어 불안하고 자기만 아는 이기주의자가 되기 쉽다. 경술신해(庚戌辛亥) 차천금(釵釧金)으로 잘 가공된 금속으로 냉정한 듯하지만 책임감이 없으며 끈기 또한 없다. 신강 사주라면 수완가라 할 수 있지만 신약 사주는 남의 탓을 잘하며 인물값도 못하고 야비하고 비굴하다. 남녀 다 부부 궁은 불길하다.

신축일생(辛丑日生)은 신금(辛金)이 축토(丑土) 위에 있으니 젖은 흙 위에 있는 격이라 보석을 젖은 흙 위 올려놓은 격이다. 흙 속으로 묻힐까 조심스러우니 매사에 생각이 많고 신중하다.

그러나 경자(庚子), 신축(辛丑), 벽상토(壁上土)라 토에 성품도 들어 있어 때로는 자신의 처지를 망각하고 남의 일에 참견을 잘 하며 의리와 명예를 내세우기도 하지만 신의를 아는 성품이다. 남자는 신중하고 신의는 지키며 보기에는 강해 보이나 외강내유로 대범하지 못하다. 맡은 일은 책임을 지고 잘하며 편인 위에 있으니 처덕이 있다.

여자는 현모양처로 손색이 없는 외유내강한 성품으로 남에게 아쉬운 소리 하지 하지 않고 스스로 이겨내는 성품이다.

신년(辛年)의 월주(月柱)는 합수(合水)이다.

庚	辛	壬	癸	甲	乙	丙	丁	戊	己	庚	辛
寅	卯	辰	巳	午	未	申	酉	戌	亥	子	丑
月	月	月	月	月	月	月	月	月	月	月	月
1月	2月	3月	4月	5月	6月	7月	8月	9月	10月	11月	12月

2) 신금 월별 해설(辛金 月別 解說)

정월생(正月生) 신금(辛金)은 기토(己土), 경금(庚金), 임수(壬水)를 쓴다. 신금(辛金)이 실령(失令)하니 기토(己土)를 취(取)하여 생신(生身)의 본(本)을 하고 신금(辛金)의 발용(發用)은 오로지 임수(壬水)의 공(功)을 의지하니 임수(壬水), 기토(己土)를 이용하고 경금(庚金)으로 돕는다.

2월생 신금(辛金)은 임수(壬水), 갑목(甲木)을 쓴다.

3월생 신금(辛金)은 임수(壬水), 갑목(甲木)을 쓴다. 만일 병화(丙火)와 신금(辛金)의 합을 보면 계수(癸水)가 있어 병화(丙火)를 제극(制剋)한다. 지지(地支)에 해자신(亥子申)을 보면 귀(貴)를 한다.

4월생 신금(辛金)은 임수(壬水), 갑목(甲木), 계수(癸水)를 쓴다. 임수(壬水)로 세도(洗道)를 하고 결하면 조후(調候)의 용(用)이 되니 다시 갑목(甲木)이 있어 무토(戊土)를 제지(制之)하면 일청(一淸)이 철지(澈底)라 한다.

5월생 신금(辛金)은 임수(壬水), 기토(己土), 계수(癸水)를 쓴다. 기토(己土)는 임수(壬水)가 없으면 습(濕)하지 못하고 기토(己土)가 없으면 생(生)하지 못하므로 임수(壬水) 기토(己土)를 사용(事用)한다.

6월생 신금(辛金)은 임수(壬水), 경금(庚金), 갑목(甲木)을 쓴다. 먼저 임수(壬水)를 쓰고 경금(庚金)을 취(取)하여 도우며 무토(戊土)의 출간(出干)함을 대기(大忌)하니 갑목(甲木)을 얻어 제지(制之)하면 길(吉)하게 된다.

7월생 신금(辛金)은 임수(壬水), 갑목(甲木), 무토(戊土)를 쓴다. 임수(壬水)로 상(上)을 삼고 갑목(甲木)을 작용(酌用)하니 가히 계수(癸水)를 쓰는 것이 불가(不可)하다.

8월생 신금(辛金)은 임수(壬水), 갑목(甲木)을 쓴다. 임수(壬水)로 세도(洗淘)하고 무토(戊土)를 보면 갑목(甲木)으로 제토(制土)한다. 지지(地支)에 금국(金局)을 이루며 임수(壬水)가 없으면 정화(丁火)를 쓴다.

9월생 신금(辛金)은 임수(壬水) 갑목(甲木)을 쓴다. 9월생 신금(辛金)은 화토(火土)가 병(病)이 되니 수(水), 목(木)으로 약(藥)을 삼는다.

10월생 신금(辛金)은 임수(壬水), 병화(丙火)를 쓴다. 먼저 임수(壬水)를 쓰고 뒤에는 병화(丙火)를 쓴다. 그러면 금백수청(金白水淸)하다.

11월생 신금(辛金)은 병화(丙火), 무토(戊土), 임수(壬水), 갑목(甲木)을 쓰니 동월(冬月)에 신금(辛金)은 능히 병화(丙火)가 온난(溫暖)하게 함을 결(缺)할 수가 없다. 나머지는 작용(酌用)하면 된다.

12월생 신금(辛金)은 병화(丙火), 임수(壬水), 무토(戊土), 기토(己土)를 쓰니 위와 같이 병화(丙火)를 먼저 쓰고 임수(壬水)를 뒤에 쓰며 무기토(戊己土)가 다음이 된다.

9. 임수론(壬水論)

임수(壬水)는 양수로서 큰물, 대해, 수, 바닷물을 뜻하므로 모든 것에 근원이 물이라 하니 이 또한 생명수이나 흙탕물도 빗물도 오염된 물도 다 받아들일 수 있는 것이 바닷물이지만 또한 큰물이 모든 것을 앗아가듯이 모든 것을 쓸어버릴 수 있어 스스로 멈출 수가 없다.

너무 많은 것은 없는 것만 못하다는 말과 같이 바닷물과 같은 큰물은 제방을 쌓아서 용도에 맞게 사용할 때 값진 것이 된다.

또한 바닷물은 그 깊이를 알 수가 없고 감추고 있는 것이 많고 내성적이다.

그러면서 물은 계속 흘러야 하므로 이동을 좋아한다.

임수(壬水)는 정화(丁火)를 좋아하므로 정화(丁火)가 재(財)가 되니 남자는 여자에게 자상하고 여자는 돈에 애착이 크다.

※ 연간 임수는 변동을 잘하고 권모술수에 능하며 임기응변 재주가 뛰어나다.

※ 일간의 임수는 판단력이 빠르고 엉큼하다. 수가 없는 자는 피부가 거칠다.

임수(壬水)의 일주(日柱)는 아래와 같다.

壬	壬	壬	壬	壬	壬
寅	辰	午	申	戌	子
日	日	日	日	日	日

1) 임수 일주별 해설(壬水 日柱別 解說)

임인일생(壬寅日生)은 임수(壬水)가 인목(寅木) 위에 있으니 손실이 많다. 나무 위에 있으니 자연 나무가 물에 기운을 흡수하기 좋아 식상인 목이 성하니 임기응변, 말재주가 뛰어나다. 임인계묘(壬寅癸卯) 금박금(金箔金)으로 얇은 쇠붙이가 되어 무게가 없다. 순간만 잘 넘어가자는 주의며 말이 헤프다. 깊이 생각하지 않고 즉흥적이고 생각 없이 나오는 대로 말을 막하는 경향이 있으며 책임감 없이 말이 많다. 남녀 다 부부 궁은 불길하다.

임진일생(壬辰日生)은 임수(壬水)가 진토(辰土) 위에 있으니 대범한 듯하지만 내성적이고 그 성격을 알기 어렵다. 절대 속내를 드러내지 않는 엉큼함이 있다. 임진계사(壬辰癸巳) 장류수(長流水)로 흐르는 물이며 임수(壬水)가 바닷물의 속성이니 바닷물 속, 그 속을 알 수 없듯이 사람의 마음 속내를 알 수 없다. 재물에 대한 욕심과 애착이 크므로 수중에 돈이 들어가면 절대 나오지 않는 수전노 같은 성향이 될 수 있다. 남녀 다 가정운은 반길반흉이며 항상 불만이 많다.

임오일생(壬午日生)은 임수(壬水)가 오화(午火) 위에 있으니 내성적인 성격에 속을 많이 끓이고 임오계미(壬午癸未) 양류목(楊柳木)으로 자존심이 있어 하고자 하는 말은 다 하지만 웬만해서는 드러내지 않는다. 오화(午火)가 재(財)이니 재물은 있으나 욕심을 부리면 화근이 된다. 남자는 여자로 인한 풍파가 있으니 조심함이 좋고 여자는 남자복은 없다. 남녀 다 부부 궁은 불길하다.

임신일생(壬申日生)은 임수(壬水)가 신금(申金) 편인 위에 있으니 머리가 좋고 욕심 많고 냉정하다. 임신계유(壬申癸酉) 검봉금(劍鋒金)으로 예리한 판단력과 재주가 있으나 쉬이 드러내지 않는다. 신강자는 포용력은 강하나 풀어내는 의지가 약하고 신약자는 모든 것을 끌어안고 혼자 삭이려고 한다. 남자는 여자에게 다정다감하여 오해의 소지가 많다. 여자는 돈에 대한 애착이 크고 인색하다. 남녀 다 가정운은 평길하다.

임술일생(壬戌日生)은 임수(壬水)가 술토(戌土) 위에 있으니 산 위에 물이 있는 격이라 강한 듯하지만 속내는 약하고 쓸데없는 고집이 세다. 임술계해(壬戌癸亥) 대해수(大海水)로 모든 것을 끌어안을 줄만 알고 자발적으로 주는 것에는 인색하고 음험하다. 내성적이고 사교적이지 못하여 좋은 인상은 주지 못한다. 임술(壬戌) 백호살이 살갑지 못하며 쓸데없는 고집이 있으며 남녀 다 부부 궁이 불길하다.

임자일생(壬子日生)은 임수(壬水)가 자수(子水) 위에 있으니 자신감이 있어 기고만장, 안하무인, 자기밖에 모르는 성격이다. 조용한 듯하지만 자기 할 말은 다 한다. 임자계축(壬子癸丑) 상석목(桑柘木)으로 나무가 위로 오르는 속성이 있듯이 조용한 듯하지만 하고 싶은 말은 다 하고 성질나면 성난 파도처럼 난폭하다. 물의 속성이 흘러가야 하는 관계로 변화를 잘하고 위아래가 물이고 임수가 바닷물인 관계로 모든 물을 다 받아들이듯이 포용력도 있고 금전에 대한 욕심이 많고 인간 풍파도 있다. 남자는 여자로 인한 환난, 여자는 재물에 대한 애착을 조심해야 한다. 남녀 다 부부 궁은 불길하다.

임년(壬年)의 월주(月柱)는 합목(合木)이다.

壬	癸	甲	乙	丙	丁	戊	己	庚	辛	壬	癸
寅	卯	辰	巳	午	未	申	酉	戌	亥	子	丑
月	月	月	月	月	月	月	月	月	月	月	月
1月	2月	3月	4月	5月	6月	7月	8月	9月	10月	11月	12月

2) 임수 월별 해설(壬水 月別 解說)

정월생(正月生) 임수(壬水)는 경금(庚金), 병화(丙火), 무토(戊土)를 쓴다. 비겁(比劫)이 없는 자는 반드시 무토(戊土)를 쓰지 아니하고 오로지 경금(庚金)을 쓰며 병화(丙火)로 돕는다. 비견(比肩)과 겁재(劫財)가 있으면 제극(制剋)하는 것이 좋으니 무토(戊土)가 출간(出干)하면 일장당계(一場當季)라 하므로 군형(群邢)이 자복(自伏)하게 된다.

2월생 임수(壬水)는 신금(辛金), 무토(戊土), 경금(庚金)을 쓴다. 임수(壬水)의 절지(絶地)로 되니 경신금(庚辛金)의 발수원(發水源)을 취(取)하고 수다(水多)하면 무토(戊土)를 쓴다.

3월생 임수(壬水)는 갑목(甲木)과 경금(庚金)을 쓴다. 갑목(甲木)으로 소토(疏土)하고 경금(庚金)을 취(取)하여 수원(水源)을 발한다. 금(金)이 다(多)하면 병화(丙火)로 제극(制剋)하는 것이 묘(妙)하다.

4월생 임수(壬水)는 경금(庚金), 신금(辛金), 계수(癸水)를 쓴다. 임수(壬水)가 극약(極弱)하니 경신금(庚辛金)을 취(取)하여 근원(根源)을 삼고 임계수(壬癸水) 비겁(比劫)을 돕는다.

5월생 임수(壬水)는 계수(癸水), 경금(庚金), 신금(辛金)을 쓴다. 경금(庚金)을 취(取)하여 근원(根源)을 삼고 계수(癸水)를 취(取)하여 돕는데 만약 경금(庚金)이 없으면 신금(辛金)으로 돕는다.

6월생 임수(壬水)는 신금(辛金), 갑목(甲木)을 쓴다. 신금(辛金)으로 수원(水源)을 발(發)하고 갑목(甲木)으로 소토(疏土)한다.

7월생 임수(壬水)는 무토(戊土), 정화(丁火)를 쓴다. 정화(丁火)를 취(取)하여 무토(戊土)를 돕고 경금(庚金)을 제극(制剋)하여 무토(戊土)가 진술(辰戌)에 통근(通根)하면 좋다.

8월생 임수(壬水)는 갑목(甲木), 경금(庚金)을 쓴다. 갑목(甲木)이 없으면 금(金)으로 수원(水源)을 발(發)하니 독수(獨水)가 경금(庚金)을 가지면 온전하다는 뜻이다.

9월생 임수(壬水)는 갑목(甲木), 병화(丙火)를 쓴다. 갑목(甲木)으로 술중(戌中) 무토(戊土)를 제(制)하고 병화(丙火)로써 돕는다.

10월생 임수(壬水)는 무토(戊土), 경금(庚金), 병화(丙火)를 쓴다. 갑목 (甲木)을 화(和)하여 무토(戊土)를 제(制)하면 경금(庚金)으로써 돕는다.

11월생 임수(壬水)는 무토(戊土), 병화(丙火)를 쓴다. 수왕(水旺)하면 무토(戊土)가 좋고 조후(調候)에는 병화(丙火)가 좋으니 병화(丙火), 무 토(戊土)를 겸용(兼用)하여야 한다.

12월생 임수(壬水)는 병화(丙火), 정화(丁火), 갑목(甲木)을 쓴다. 상반 월(上半月)에는 오로지 병화(丙火)를 쓰고 하반월(下半月)에는 갑목(甲 木)으로 돕는다.

10. 계수론(癸水論)

계수(癸水)는 음수로서 도랑물, 계곡에 흐르는 물, 빗물 등 작은 물이지만 가뭄에 단비처럼 생명수이다. 모든 대지의 목마름을 해소시킬 수 있는 작은 물이지만 하는 역할은 양수보다 값지다. 그러나 비도 적당하게 와야 좋듯이 사주에도 '적당히'라는 것이 있으니 구성원이 잘 갖추어질 때 큰일을 이룰 수가 있다. 계수는 관인 무토(戊土)를 좋아하므로 남자는 명예와 의리를 따지며 여자에게 다정하지 못하고, 여자는 명예와 체면을 중시하며 남자에게 약하고 무조건 헌신하는 성품이다.

※ 연간 계수는 평화롭게 해 주나 안일하고 무해무덕하다.

※ 일간 계수는 흐름이 좋아 판단은 빠르지만 속을 알 수가 없는 경우가 많다.

계수(癸水) 일주(日柱)는 아래와 같다.

癸	癸	癸	癸	癸	癸
卯	巳	未	酉	亥	丑
日	日	日	日	日	日

1) 계수 일주별 해설(癸水 日柱別 解說)

계묘일생(癸卯日生)은 계수(癸水)가 묘목(卯木) 위에 있으니 나무 위로 내리는 빗물 같은 존재로 언제 고갈될지 모르기에 요령을 잘 부린다. 손재주도 있고 말재주도 있고 금속을 다루는 기술직이 좋으나 끈기가 없고 냉정하며 일하기 싫어하는 타입이다. 임인계묘(壬寅癸卯) 금박금(金箔金)으로 얄팍한 자존심만 믿고 요령을 부리려 한다. 손재주를 살려 기술직을 하거나 말재주를 살려 유통업에 종사하여 봄이 좋고 남녀 다 가정운은 불길하다.

계사일생(癸巳日生)은 계수(癸水)가 사화(巳火) 위에 있으니 모래사막에 오아시스처럼 귀한 존재가 될 수 있다. 사화(巳火)가 재물이고 재생 관하는 관을 좋아하고 있으니 대의를 품을 수 있다. 임진계사(壬辰癸巳) 장류수(長流水)로 길게 흐르는 물의 속성이 있어 적은 것으로 큰 것을 이룰 수 있으며 소리 없이 대업을 이룰 수 있으며 강사주보다 약한 듯해야 인덕이 있다. 인덕이 있어야 큰일을 할 수 있다. 강사주이면 사업가로서 대성을 할 수 있다. 남녀 다 가정운은 평길하다.

계미일생(癸未日生)은 계수(癸水)가 미토(未土) 위에 있으니 몸도 마음도 약하다. 약한 빗물이 한여름 뜨거운 땅 위에 내리는 격이라 약하다. 임오계미(壬午癸未) 양류목(楊柳木)으로 속성이 목의 성품이 있어 약한 중에도 자존심이 강하고 대의를 품어 보나 이루기 어렵지만 사주의 흐름에 따라 물길이 변하듯이 운명도 흘러간다는 것을 기억해야 할 것이다. 가정운은 남녀 다 반길반흉하다. 신강 사주는 사법계나 공직에 종사함이 좋고, 신약자는 기술직이나 수산업에 종사함이 길하다.

계유일생(癸酉日生)은 계수(癸水)가 유금(酉金) 위에 있으니 편인이라 머리도 좋고 외유내강이 된다. 임신계유(壬申癸酉) 검봉금(劍鋒金)으로 금의 속성이 강하니 강한데 더욱 강한 물이라 차가운 냉혈인이다. 인정사정 보지 않고 처낼 수 있는 강한 성품이므로 사법관, 판검사, 군인, 경찰 등에 적합하다. 신강 사주일 때는 독선적이고 인정이 없으며 남에 말에는 귀가 여리다. 남자는 여자를 배려할 줄 모르지만 여자는 남자에게 헌신하는 현모양처 타입이다. 신약자이면 우유부단하고 생각은 있지만 처세술이 약하여 흐지부지하고 만다. 가정운은 반길반흉이다.

계해일생(癸亥日生)은 계수(癸水)가 해수(亥水) 위에 있으니 막힘이 없다. 작은 빗물이 바다 위에 있으니 이는 그 깊이를 헤아릴 수도 없고 무한한 가능성이 들어 있다. 임술계해(壬戌癸亥) 대해수(大海水)로 깊은 물이 큰 바다로 이어지고 있으니 은근하고 조용하게 소리 없이 대업을 이룰 수 있을 것이다. 신강자는 큰 사업가로, 신약자는 정치인으로 대권을 꿈꿔 볼 수 있다. 남녀 다 조용하고 내성적이며 가정운은 평길하다.

계축일생(癸丑日生)은 계수(癸水)가 축토(丑土) 위에 있으니 계곡의 물과 같아서 조용히 흐르는 성품이라 내성적이며 속이 깊지 못하다. 임자(壬子), 계축(癸丑), 상석목(桑柘木)으로 목은 위로 올라가는 속성이 있으나 무게가 있어 입이 무겁고 간혹 성질이 나면 무섭다. 좀처럼 실수하지 않으려고 조심하고 신중하며 관을 흠모하니 신의가 있고 의롭다. 주변의 도움이 있다면 대업을 꿈꿔 봐도 손색이 없는 곧은 성품이다. 남자는 사업과 자식을 선호하나 가정적이지는 못하고 사주가 강하다 해도 가정운은 원만하지 못하다. 여자는 내성적이며 유독 남자에게 약하고 힘들어도 벗어나지 못하고 혼자 속알이를 하는 성품이다. 언변이 좋고 자식 복은 있다.

계년(癸年)의 월주(月柱)는 합화(合火)이다.

甲	乙	丙	丁	戊	己	庚	辛	壬	癸	甲	乙
寅	卯	辰	巳	午	未	申	酉	戌	亥	子	丑
月	月	月	月	月	月	月	月	月	月	月	月
1月	2月	3月	4月	5月	6月	7月	8月	9月	10月	11月	12月

2) 계수 월별 해설(癸水 月別 解說)

정월생(正月生) 계수(癸水)는 신금(辛金)과 병화(丙火)를 쓴다. 신금(辛金)으로는 계수(癸水)의 근원(根源)을 만들어 준다. 만일 신금(辛金)이 없으면 경금(庚金)을 쓰지만 병화(丙火)가 적을 수 없다. 그 이유는 정월(正月)은 한기(寒氣)가 있으니 병화(丙火)로써 따뜻하게 하여 주어야 하기 때문이다.

2월생 계수(癸水)는 경신금(庚辛金)을 쓴다. 을목(乙木)이 사령(司令)하였으니 을목(乙木)을 제지하기 위하여 오로지 경금(庚金)을 쓰고 경금(庚金)이 없으면 신금(辛金)을 대용(代用)한다.

3월생 계수(癸水)는 병화(丙火), 신금(辛金), 갑목(甲木)을 쓴다. 상반월(上半月)에는 병화(丙火)만을 쓰고 하반월(下半月)에는 병화(丙火)를 쓰나 신금(辛金), 갑목(甲木)도 도움이 된다. 병화(丙火)는 재(財)로 쓰고 갑목(甲木)은 삼월(三月)에 토중(土重)하니 토(土)를 제압(制壓)하는데 필요(必要)하고 신금(辛金)은 수원(水源)을 발(發)하는 데 필요(必要)하다.

4월생 계수(癸水)는 신금(辛金)을 전용(傳用)으로 한다. 신금(辛金)이 없으면 경금(庚金)을 쓴다. 사월(四月)에는 병화(丙火) 재(財)가 왕(旺)하니 경신금(庚辛金)으로도 도움을 주기 위하여 그러한 것이다.

5월생 계수(癸水)는 경금(庚金), 임수(壬水), 계수(癸水)를 쓴다. 경신금(庚辛金)은 생신(生身)하여 주는 근본(根本)이 된다. 그 이유는 정화(丁火)가 사권(司權)하였기에 금(金)으로서 화(火)를 견디기 어려우니 비겁(比劫)과 겁재(劫財)를 겸용(兼用)하여 경신금(庚辛金)으로 수원(水源)을 발(發)하기에 정용(井用)하게 된다.

6월생 계수(癸水)는 경신금(庚辛金)과 임계수(壬癸水)를 쓴다. 상반월(上半月)에는 화기(火氣)가 염열(炎熱)하기에 금(金)이 쇠약(衰弱)하므로 비겁(比劫)으로써 도와줌이 좋다. 하반월(下半月)에는 한습(寒濕)한 기운(氣運)이 돌기에 비견(比肩) 겁재(劫財)를 쓰지 아니하여도 무방하다.

7월생 계수(癸水)는 정화(丁火)를 쓴다. 경금(庚金)이 월령(月令)에 신금(申金)에 녹(祿)을 얻으니 반드시 정화(丁火)로써 경금(庚金)를 제거하여야 하기에 천간(天干) 정화(丁火)가 지지(地支)에 오술미(午戌未)에 통근(通根)됨을 좋아한다.

8월생 계수(癸水)는 신금(辛金), 병화(丙火)를 쓴다. 신금(辛金)이 용신(用神)이 되니 병화(丙火)로 도와주면 수(水)는 따뜻하고 금(金)도 역시 따뜻하니 서로 간격을 두어 투출(透出)되는 것이 좋다. 그 이유는 병화(丙火), 신금(辛金)이 합(合)하면 도리어 수(水)로 변하기에 그 간격됨을 필요(必要)로 함이다.

9월생 계수(癸水)는 신금(辛金), 갑목(甲木), 임수(壬水), 계수(癸水)를 쓴다. 9월에 무토(戊土)가 후중(厚重)하니 신금(辛金)을 쓰는 것이고 비겁(比劫)을 요(要)하는 것은 갑목(甲木)을 돕기 위한 것이다. 갑목(甲木)으로써 월령(月令)을 제극(制剋)하면 계수(癸水) 일주(日柱)가 자연히 왕(旺)하게 되기에 그러한 것이다.

10월생 계수(癸水)는 경금(庚金), 신금(辛金), 무토(戊土), 정화(丁火)를 쓴다. 10월은 월령(月令)에 해중(亥中), 갑목(甲木)이 장생(長生)을 하기에 계수(癸水)가 설기(洩氣)되므로 경신금(庚辛金)으로써 수원(水源)을 만들고 다음으로 갑목(甲木)을 극제(剋制)하기에 필요한 것이다. 만일 10월 월령(月令)에 해수(亥水)가 왕(旺)하고 또 경신금(庚辛金)이 목(木)을 도우면 목벽이 가양(江洋)하기에 무토(戊土)로써 제염(制厭)하여야 한다. 만일 또 금(金)이 많으면 정화(丁火)를 써서 금(金)을 제염(制厭)하는 것이 좋다.

11월생 계수(癸水)는 병화(丙火), 신금(辛金)을 전용한다. 병화(丙火)로써 해동(解冬)하고 신금(辛金)으로 목원을 도와준다.

12월생 계수(癸水)는 병화(丙火), 정화(丁火)를 쓴다. 병화(丙火)가 통근(通根)되어야 하기에 지지(地支)에 사오미술(巳午未戌)이 있으면 더욱 좋고 연간(年干)에 정(丁火)가 투출(透出)하면 이름을 설후등광(雪後燈光)이라 하는데 야생자(夜生者)라야만 귀(貴)를 하게 된다는 것이다. 그러나 지지(地支)에 화국(火局)을 이루면 경신금(庚辛金)을 쓰는 것도 무방(無妨)하다. 양 오행의 남자는 강하지만 여자는 약하다. 음 오행의 여자는 강하지만 남자는 약하다.

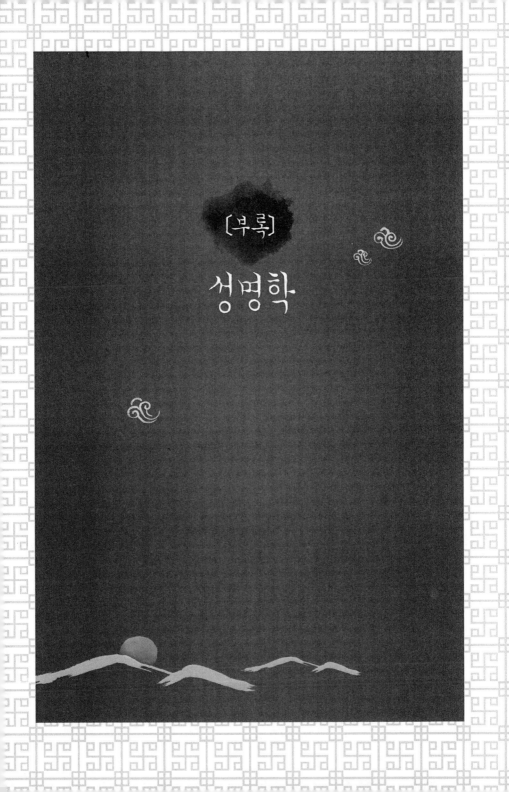

[부록]

성명학

작명을 하는 데 좀 더 쉽고 빠르게 하는 방법으로 성자와 명자에 획수를 맞추어 나열하였다. 이것을 참고하면 좀 더 쉽고 빠르게 작명을 할 수가 있으니 참고하기를 바란다.

⊗ 음오행표(音五行表)

목(木)	가 카	ㄱ ㅋ	아음(牙音)
화(火)	나 다 라 타	ㄴ ㄷ ㄹ ㅌ	설음(舌音)
토(土)	아 하	ㅇ ㅎ	후음(喉音)
금(金)	사 자 차	ㅅ ㅈ ㅊ	치음(齒音)
수(水)	마 바 파	ㅁ ㅂ ㅍ	순음(脣音)

음 오행은 주로 불러 주는 말씀 어(語) 느낄 감(感), 즉 어감(語感)을 중요시하기 때문이다. 어감이 이상한 것은 피하는 것이 상책이다.

아래 성자 획수와 명자 획수를 먼저 찾아놓고 음 오행에서 어감이 이상하지 않게 맞추어 보고 사주에 필요한 오행이되 사주용신에 도움이 되는 오행이라야 한다. 여기다 수리 오행까지 맞추어지면 금상첨화이다.

수리 오행은 아래와 같다.

1, 2=木

3, 4=火

5, 6=土

7, 8=金

9, 10=水

예 이길수(李吉洙)

　→ 7획, 6획, 10획으로 음양은 갖추어졌다.

　10+7=17, 여기서 10을 빼고 나머지 7만 사용하면 7은 金이 된다.

　6+7=13, 여기서 10은 빼고 나머지 3만 사용하면 3은 火가 된다.

　10+6=16, 여기서 10은 빼고 나머지 6만 사용하면 6은 土가 된다.

23수는 총운이며(=火)

17수는 사회운(=金)

13수는 가정운(=火)

16수는 초년운(=土)

수리오행에서 사회운에 금(金)이라 화극금(火克金) 막힘이 있고 어감에서 길수가 목금(木金)이니 여기도 금극목(金克木)이라 안 좋고 부르는 소리로는 이긴다는 뜻이 좋아 보이나 반대로 흉자라 한다. 이름에서 이기면 실제상황에서는 지는 것이 된다고 한다. 그래서 이름 짓는 일을 쉽게 할 수 없는 것이다.

첫째, 사주에 맞는 오행을 찾아놓는다.

둘째, 음양을 설정하여 성자와 맞추어 획수를 선택한다.

셋째, 음 오행과 어감을 살펴서 맞추어 보고

넷째, 수리 오행과 음 오행이 맞는지 살펴본다.

다섯째, 부르기와 듣기, 쓰기 모든 것이 쉬워야 빨리 친근해지고
　　　좋은 이름이라 할 수 있다.

음은 소리에서 나오는 것으로 요즈음 유무선을 통해 소리가 전달되고 또는 파동, 진동, 주파수 이 모든 것이 소리도 전달된다는 것을 모르는 사람은 아무도 없을 것이다. 그렇다면 사람에 이름은 불러서 그 속에 담긴 뜻이 개개인을 운세를 좌지우지한다면 심각하게 고민해보아야 할 문제가 아니겠는가?

여기까지 알게 된 것만도 우리는 감사해야 할 일이다.

사주팔자는 바꿀 수도 고칠 수도 없지만 이름자는 바꿀 수도 고칠 수도 있으니 이 아니 홍복인가. 인간에게 주어진 특혜라고 볼 수 있다.

성명학, 이름자를 우습게 생각하지 말고 신중하게 생각하자. 저마다의 운세는 이미 타고난 사주팔자 운세와 불러서 만들어 주는 이름자에 달렸으니 가볍게 생각하지 않기를 바라며 이름 쉽게 지을 수 있는 법을 일부 나열하였으니 참고하기 바란다.

획수	성자(姓字)		명자(名字)
1획	乙	上	10 12 2 4 10 12
		下	14 20 14 20 22 30
2획	乃 七 卜 丁	上	4 6 9 4 1 13 5 15 14
		下	9 9 14 19 14 16 16 16 19
3획	干 凡 弓 大 于 千	上	3 4 5 5 8 13 4 2
		下	12 4 8 10 13 22 16 13
4획	介 公 孔 仇 斗 屯 木 手 夫 史 水 王 牛 元 尹 仁 天 太 片 卞 文	上	2 9 12 11 12 12 4 3 4
		下	9 12 13 14 19 17 9 14 13
5획	甘 丘 戊 米 白 氷 石 申 田 央 永 玉 占 左 平 包 皮 玄	上	8 8 8 6 3 12 2 6 6 8
		下	8 16 10 18 10 12 6 10 12 24
6획	曲 吉 老 牟 朴 西 安 仰 伊 任 仁 在 全 朱 后	上	9 7 10 12 5 7 17 5 2 5 2
		下	9 10 15 23 10 11 18 18 5 12 9
7획	江 君 甫 辛 良 呂 汝 余 廷 吳 李 利 池 車 何 杜 成 判 宋	上	8 6 8 14 8 8 9 6 11 8
		下	9 11 8 17 16 10 16 10 14 17

획	한자	上/下											
8획	京秀具寄金 孟明門房奉 尙承昇沈宗 周昌采卓虎 松林昔	上	7	7	7	5	5	10	16	8	13	8	5
		下	9	10	16	8	10	13	19	9	16	13	16
		上	8	7	10	10	7	5	9	3	3	7	
		下	21	17	15	23	24	24	16	5	13	8	
9획	姜南殷宣星 施俊要姚禹 韋兪柳秋泰 表河咸扁	上	7	7	8	6	4	12	8	8	16	9	
		下	16	8	8	9	12	20	15	16	16	4	
		上	12	4	2	2	2	4					
		下	12	12	4	6	14	4					
10획	剛桂高骨俱 宮起唐馬般 徐孫洙芮邑 芸殷曹普秦 倉夏洪柴	上	7	5	5	8	1	11	8	6	6	3	8	6
		下	8	6	8	15	14	14	14	7	15	5	13	18
11획	康强堅國浪 梅苗班邦范 彬梁魚章張 崔海許邢胡 麻	上	2	4	10	12	4	6	7	2	10	4	
		下	4	20	14	12	14	7	14	5	21	12	
12획	景邱單閔傅 異森淳荀順 舜勝庚程智彭 邵弼黃東方	上	12	9	5	4	4	12	3	4	4	11	6
		下	13	12	12	9	12	23	3	17	19	12	23

획	성씨		
13획	賈 敬 琴 路 雷 楊 廉 雄 都 莊 楚 溫 睦 司公	上	8 8 4 12 2 3 3 2 4 8 8
		下	8 16 12 12 16 8 22 3 4 10 24
14획	菊 箕 端 裵 賓 運 慈 趙 鳳 碩 愼 采 公孫 西門 令孤	上	10 7 9 7 4 10 3 2 4 7 2
		下	1 10 9 11 11 11 15 19 11 17 9
		上	3 2 7 15 10
		下	18 15 18 18 21
15획	慶 郭 董 萬 魯 葉 樑 劉 漢 墨 司馬	上	10 8 8 8 8 6 6 16 2 3 9
		下	14 9 10 8 16 10 17 16 14 14 14
16획	賴 諸 蓋 盧 道 都 潘 燕 龍 陸 陰 錢 陳 豫 皇甫	上	7 8 9 8 8 7
		下	8 9 16 13 15 9
17획	鞠 獨 裵 韓 鍾 蔡 蔣 鄒	上	8 8 7 6 12 6 4
		下	16 8 8 12 12 18 20
18획	簡 魏 顔	上	7 7 6 6 7 14
		下	14 16 7 11 14 15

19획	羅 疆 鄭 龐 薛 南宮 鮮于	上	6 13 2 2 4 2 15
		下	10 16 4 14 12 20 11
20획	嚴 夏候	上	5 9 12 1 3 4 4 4 11 11
		下	12 12 13 12 12 11 17 13 14 21
21획	顯 藥	上	8 10 11
		下	10 14 20
22획	權 邊 蘇	上	7 10 10 3
		下	9 23 15 10
23획		上	1 6 35 16
		下	24 29
24획		上	7 5 15
		下	17 28
25획	獨孤	上	12 23
		下	40

첫 번째로 『인생길 길라잡이』를 집필하였을 때는 개개인이 자신의 진로를 선택함에 도움이 될까 하여 시작하였는데 정말 많은 사람들이 관심을 가지고 있는 것이 보였습니다. 이것이 현실이기에 좀 더 많은 사람들이 쉽게 접할 수 있도록 하기 위해 집필한다고는 했는데 처음 보시는 분들이 어렵다고 하셨습니다. 물론 쉬운 학술이 아니니 어려운 것은 당연합니다. 그러나 두세 번 정도 보다 보면 이해가 가고 이해가 가면서 아마도 재미있어질 것입니다. 그래서 좀 더 재미있게 풀어 보려고 오행에 일일이 해석을 달아보았답니다.

물론 전문가들은 각자에 능력 여하에 따라 달리 해석할 수도 있겠지만 여기서는 원리 원칙에 따른 해석으로 설명한바 재미있게 읽어 보시기 바랍니다.

각 오행의 기반에 의한 해설과 월별로 변화하는 원리를 설명하였으니 좀 더 심도 있게 읽어 보시고 연구하시기 바랍니다.

전문가들이 활용하는 부분을 모아서 『사주명리학의 모든 것』이라는 책을 출간하였는데 다시 생각하니 각자의 통변 능력에 따라 달리 해석될 수도 있는 오행을 나름 풀어서 정리하여 여러 사람이 쉽게 이해할 수 있도록 하자는 마음에서 『사주명리학 오행 해설집』을 집필하였습니다. 그러나 좀 더 세심한 것을 알고 싶으면 대운과 세운의 흐름을 겸비하여 풀어야 한다는 점을 아시고 전문가와 상의하시기 바랍니다.

그리고 한 가지, 성명학을 왜 여러 번에 갈라서 부록으로 작성하였는지 말씀드리자면 이렇습니다. 사주가 첫 번째, 다음이 성명학이기도 하고 또한 성명은 마음 먹기 따라 바꾸어 사용할 수도 있는 것이기에 흘려 버리지 마시라는 의미로 여러 번에 걸쳐서 올렸습니다.

또 한 가지 여러분에게 이야기하고 싶은 말이 있는데 요즈음 세대에 제왕절개를 해서 출산을 하는 경우가 대다수이기에 알려 드립니다. 제가 처음 역술을 배우고 시작할 당시만 해도 수술을 해서 출산하는 경우가 많지 않았는데 간혹 출산일을 잡아 달라고 하시는 분들이 있어 잡아 주면서도 '자연출산을 하지 않고 임의적으로 날을 골라서 출산을 하면 과연 그 아이의 운명이 정말 이대로 갈까?' 하는 의구심을 가지면서 좋은 날을 택일하여 주었습니다. 그런데 지나고 보니 그 아이가 정해서 만들어 준 사주대로 살아가더라는 것입니다.

그래서 한 생명이 세상과 마주하는 순간에 따라 운명이 결정된다는 사실을 새삼 강조하는 바입니다. 무엇보다 우선이 출생하는 날, 즉 사주가 정해지는 순간이 중요하고 다음이 이름이랍니다.

그리고 중요한 정보를 알려드립니다.

운명을 개선해 보고 싶다는 의지가 분명하다면 이것을 지켜서 잡아 보시기 바랍니다.

첫째, 자기 분수에 맞추어 살 것.

둘째, 한 푼의 돈이라도 소중하게 생각할 것.

셋째, 하루 세끼의 식사를 하되 자기 식사량의 80%만 먹도록 할 것.

위 세 가지를 지켜 살아간다면 살아가면서 겪어야 하는 굴곡이 없는 삶을 살아가게 될 것입니다.

위 세 가지에는 깊은 뜻이 담겨 있답니다.

첫 번째는 없어도 잘사는 사람이 있는가 하면 있어도 못 쓰고 못사는 사람이 있기에 하는 말입니다. 없이도 잘사는 사람은 내 것이 없어도 빚을 내서라도 잘 먹고 잘사는가 하면 있으면서도 쓸 줄 모르고 아끼기만 하는 사람도 있음을 이르는 말입니다.

자기 수준에 맞게 사는 것이 바로 분수에 맞게 사는 것입니다. 없으면 아끼고 있으면 적당히 쓸 줄도 알아야 한다는 이야기지요.

두 번째는 한 푼의 돈을 소중하게 여기지 않으면 한 푼이 없어 울어야 하는 날이 반드시 온다는 것입니다.

그리고 세 번째 자기 식사량에서 조금은 부족하다 싶게 먹으면 건강도 좋아지고 보이지 않는 복을 쌓아 놓는 것과 같다는 말입니다. 불교에서 방생을 하는 원리와 같다는 이야기입니다.

요즈음 시대 사람들은 주로 폭식을 하는 경우가 많지요. 바쁘다는 이유를 대지만 다 먹고살자는 이야기인데 하루 한 끼를 굶으면 죽어도 못 찾아 먹는다는 옛말이 괜히 있는 것이 아니랍니다.

하루 세끼 적당한 식사는 자신의 건강뿐 아니라 살아가면서 겪어야 하는 풍파를 막는 방법입니다. 배 속이 편안하지 않으면 질병의 원인도 되고 질병뿐이 아니라 사람의 운명에도 삼한사온 날씨처럼 변덕스러운 운세 변화가 있는 것이랍니다.

우리가 일하는 것이 다 먹고살기 위해서 하는 것임을 누구나 아는 일인데 배가 고프면 매사 의욕이 떨어지겠지요. 그래서 배고프지 않고 배 속이 편안한 수준을 지켜준다면 운명의 굴곡을 다소나

마 막을 수 있답니다.

이것은 역술을 알고 운명을 바꿀 수 있는 방법이 없는가 연구하다 보니 이보다 좋은 이야기는 없는 것 같아 모두 다 지켜서 복된 삶이 되길 바라며 여기에 올립니다.

2019년 1월

양필선